# 丹枫栖霞

## 南京栖霞地方文化校本读物

上册

主　编：张礼宏　欧传琴

江蘇鳳凰教育出版社
Phoenix Education Publishing, Ltd

**图书在版编目（CIP）数据**

丹枫栖霞：南京栖霞地方文化校本读物：全2册/张礼宏，欧传琴主编．—南京：江苏凤凰教育出版社，2015.3

ISBN 978-7-5499-2028-0

Ⅰ．①丹…　Ⅱ．①张…　②欧…　Ⅲ．①区（城市）－文化史－南京市－小学－乡土教材　Ⅳ．①G624.451

中国版本图书馆CIP数据核字(2014)第301610号

**书　　名**　丹枫栖霞——南京栖霞地方文化校本读物（上册）
**主　　编**　张礼宏　欧传琴
**责任编辑**　午新生　雷利军　范晨霞
**出版发行**　凤凰出版传媒股份有限公司
　　　　　江苏凤凰教育出版社（南京市湖南路1号A楼　邮编210009）
**苏教网址**　http://www.1088.com.cn
**照　　排**　红十月图文设计有限公司
**印　　刷**　三河市九洲财鑫印刷有限公司
**厂　　址**　河北省三河市灵山大口
**开　　本**　787毫米×1092毫米　1/16
**印　　张**　6.25
**字　　数**　152千字
**版　　次**　2015年3月第1版　2015年3月第1次印刷
**书　　号**　ISBN 978-7-5499-2028-0
**定　　价**　20.00元
**网店地址**　http://jsfhjycbs.tmall.com
**邮购电话**　025-85406265，85400774　短信　02585420909
**E－mail**　jsep@vip.163.com
**盗版举报**　025-83658579

# 课改雨露育丹枫（代序）

新课程改革让教师们有了两个新的认识。一是手中的教材是成套化的系列，绝不仅仅限于教科书。教科书仅是学校教育中最重要的教材，或是教材系列的主体部分，而校本教材就是作为一种新课程资源在大力倡导下进入了课堂。二是在课堂教学活动中，新课程的知识将在三个方面均衡分布：教科书及教学参考书提供的知识；教师个人的知识；师生互动产生的新知识。按新课程标准编写的教科书所提供的知识，将为激活教师个人知识及师生互动产生新知识留下充分的余地。课堂知识的变化，将改变传统的课堂面貌。

几乎在南京市中小学全面进入课改实验的同时，体现着课改精神的《丹枫栖霞——南京栖霞地方文化校本读物》编写成功了。这套丛书令人信服地表现出栖霞中心小学教师群体对课改的深刻认识，对家乡的无比热爱，以及教师改革的勇气和智慧。

栖霞山这座江南名山有着深厚的历史积淀，它是有资格作为活的教材被开发利用的。“南朝四百八十寺，多少楼台烟雨中”，一座栖霞寺，历经岁月磨砺，证实着这段历史；千佛岩石窟群传说优美而饱受劫难，飞天衣裙轻扬更增添了东敦煌的神秘色彩；始皇临江处、陆羽品茶处使栖霞山如同一本翻开的大书；栖霞山古名摄山，摄者养身也，修心可观红叶，养身可食野蔬，草木入药者众，是一部鲜活的植物词典；进入幽深的地下巷道，深居地下300米，亲见铅、锌、银等矿藏的采掘，能真切地领略到地球的奥秘。走进栖霞山，可以使人增添知识，可以使人热爱家乡，可以使人提高实践的能力。

栖霞中心小学的教师对教育工作是执着热爱的，这从他们对课堂教学改革的积极态度可以看出来。同样，他们又是充满探究精神的，这套教材的问世就是一个证明。从肯定和鼓励的目的出发，我们可以归纳出这套教材的几个特点：第一，能够把爱祖国、爱家乡的教育与科学文化知识的教学自然结合起来；第二，能够把地方山川地理、人文历史、资源特产的知识与教科书上的有关内容自然结合起来；第三，能够把书本知识的学习与学生社会实践、专题研究自然结合起来；第四，能够把激活教师个人知识与激活师生互动产生新知识自然结合起来。

这套丛书面世了，虽然稚嫩但充满活力。它代表着栖霞中心小学的教师们在课程改革道路上迈出的坚实一步，虽然只是个开头，也只留下一个浅浅的脚印，但有理由相信，他们会越走越好，越走越远。

吴　睦

2014年5月

# 目 录

## 植物篇

## 动物篇

## 建筑景点篇

## 文化与传统篇

# 植物篇

# 我爱家乡，我爱植物

我的家乡在南京栖霞，这里属于江南地区，四季分明，雨水充沛，特别适合植物的生长，植物的种类也非常多。小朋友们，下面就请跟着我来学习一些有关植物的知识吧。

植物大都是绿色的，所以人们称它们为绿色植物。说植物是我们人类的朋友，你可能不信，这是因为我们每天都离不开植物，它们日日夜夜默默地为我们工作，陪伴着我们。

当假日来临时，爸爸妈妈会带着我们去公园游玩。漫步在风景如画的树林中，我们会感到空气是那么清新，那么令人心旷神怡。看到枝叶茂盛的大树，我们会觉得眼睛清亮，非常舒服。

绿色植物是“氧气制造厂”，它们吸收有害气体，释放出可供人类呼吸的氧气。如果没有它们，人们就会生病。绿色植物多的地方，空气当中的细菌就少。相反，绿色植物少的地方，空气当中的细菌就多些。绿色植物还有杀菌的本领，为我们的健康、幸福作出了重大的贡献。

小朋友们，你们说绿色植物是不是我们人类的好朋友呢？

【说一说】你认识的植物有哪些？

【议一议】为什么说植物是我们的朋友呢？

# 我们靠植物生活

我们和植物是好朋友，我们是靠植物生活的，没有植物就没有生命，人类就不能生存。为什么要这样说呢？

我们的日常生活离不开吃、喝、穿。我们吃的大米、白薯、玉米等农作物，属于植物；我们吃的蔬菜、水果等，同样是植物；还有，我们喝的各种天然饮料，其中许多成分也都是从植物中提取出来的。也许，有的小朋友会说：“我们吃的猪肉、鸡、鸭、鱼、蛋，这些可不是植物啊！”的确如此。可是我们不要忘了，这些动物也是吃植物饲料长大的。

我们生病时吃的药，其中也有许多含有植物成分，如治痢疾的药中含有黄连，许多有滋补作用的药中含有人参等。

再说我们住的房子，还有家具、学习用具、炊具等，很多都是用木材做的，这些都离不开植物。

【说一说】我们生活中还有哪些方面需要植物？

# 植物离不开空气

春天，田里种的向日葵已经长出嫩芽。老师指着其中的两棵嫩芽说："你们看它们长得一样高吗？"小朋友看了看说："一样高。"老师接着说："现在，我们一起来做个有趣的小实验。我们把其中的一棵用小铁碗扣起来，过几天再打开看看，它们两个是不是还一样呢？"

过了几天，老师把小铁碗打开了。大家惊奇地发现：没有扣碗的嫩芽又长高了一截，而扣了碗的嫩芽却又小又蔫，看上去就快要死了。大家齐声问老师这是为什么。

"这是因为扣上碗之后，空气进不去，小嫩芽呼吸不到空气，所以就容易被闷死。"

"植物为什么离不开空气？"

"植物跟人一样，也需要呼吸，通过呼吸使自己生长。如果没有空气，不能呼吸，植物就会被闷死。"

【说一说】为什么植物离不开空气呢？

# 植物与雷电的密切关系

你也许会觉得奇怪，植物与雷电，一个安安静静长在地上，一个轰轰烈烈从天上走过，它们之间能有什么密切关系呢？

然而有几个现象却是大家都知道的。如夏季下雨时雷电多，冬季降雪时雷电少；两极地区和冻土带没有闪电；海洋和沙漠上雷鸣非常少。据此，有些科学家认为，植物的生长也影响着这些气候现象。

据科学家统计，地球上生长着大量芳香植物，全世界每年散布到大气里的芳香物质足足有1.5亿吨。每一滴芳香物质都带有正电荷，当它们在大气里四处飞散时，还能把水分吸收到自己的周围，将自己包在核心处，这样一点一滴地积累，直到最终形成可以电闪雷鸣的大块乌云。地球各大洲（除南极洲）平均每秒钟有100次闪电，把这些闪电所释放的全部电能收集起来，能得到1亿千瓦强大电压。植物把电能送上天空，大气又把电能送还给大地，大地又把电能赠送给植物。植物受到弱电流的刺激，就会提前进入成熟期，产量也会增加。就这样，大自然在循环中度过一个个春秋。

冬天，北方的芳香植物大部分都枯死了，或者进入“冬眠”状态，这就是降雪时极少形成雷鸣的一个原因；两极和冻土带环境严酷，缺少植物，难以形成闪电；沙漠地带植物稀少，芳香物质少，水分也少，很难有电闪雷鸣；而海洋植物所产生的芳香物质大部分都溶解在水中了，所以海洋上空雷电也比较少见。

【说一说】和你的同伴交流一下植物与雷电的关系。

# 植物也能“预报”地震

小朋友们，你们知道吗？大地震之前，不少动物会出现异常反应，对地震作出“预报”，如冬眠的蛇出洞、老鼠白天活动不怕人、大批青蛙上岸活动等。那么，植物能不能“预报”地震的发生呢？

我国地震学家在调查地震前植物的变化时，发现了许多值得注意的情况。地震前，蒲公英在初冬季节就提前开了花；山芋藤也会一反常态突然开花；竹子也会突然开花，并且大面积死亡等。这些异常现象往往预示着地震即将发生。

科学家们发现，生物体的细胞犹如一个活电池，会产生电流，在震前作出反应，出现异常大的电流。而在余震期间，电流的活动也相应地逐渐减少。

【说一说】和你的同伴交流一下植物是怎样预报地震的。

# 植物的趣名

我国的植物种类很多，植物的名称也很有趣。

有的植物用动物命名，如鸡冠花、猩猩草、凤凰木、蝴蝶花等。

有的植物用数字命名，如一串红、七里香、百日青、万年青等。

有的植物用金属命名，如金银花、银杏、铁扫把等。

还有的植物则是根据它们自身的某些特征、来历及生活环境等命名的。如金钱草的叶片像个铜钱；狐尾木的花序像狐狸的尾巴；鸟不宿的小枝叶长得很密，并长有硬刺，鸟不能在上面做窝；珙桐开花时，两片白色的苞片好似飞翔的和平鸽，所以又叫鸽子树。

植物的颜色差异、味道、生长季节等也是给植物命名的依据。如鱼腥草与众不同，明明是草，却时时发出股股鱼腥味儿，所以，人们就根据它的气味给它取了这个名字。有兴趣的小朋友，可以自己找找看。

【找一找】你还知道哪些有趣的植物的名字？和你的同伴交流一下。

# 小树不能喝咸水

妈妈冲好一杯糖水叫小明来喝，小明高兴地端起杯子就大口地喝了起来。突然，只听“哇”的一声，小明将水吐出来了，他告诉妈妈，这糖水是咸的。妈妈尝了尝之后抱歉地说：“真对不起，妈妈错将盐当成糖放进杯子里了。”

小明说：“妈妈，不要紧，咱们把这杯水倒在门口的那棵树下吧。”妈妈急忙说：“千万不能那样做！咱们人不能喝太咸的水，小树也不能喝。”

妈妈解释说：“小草、小树等植物的脾气和我们是一样的，它们也不喜欢太咸的食物和水，这是因为土壤里有足够的养料供它们吃喝。如果我们不注意，将吃剩的菜汤、含盐的咸水给它们喝了，就等于让它们吃了盐一样，就会导致它们的根不仅不能很好地吸水，它们身体里的水分还会往外跑。没有了水，小草、小树不就被渴死了吗？”

小明听了连忙说：“妈妈，我记住了，我再也不往树下倒有盐的水了！”

【说一说】为什么小树不能喝咸水？

# 太阳晒不干花草

夏天，妈妈把洗完的衣服晾在阳光下，一会儿工夫衣服就干了。这是因为衣服里的水被太阳一晒，变成了水蒸气，跑到空气中去了。

而对于花和草，不管太阳怎么晒，它们也不会干。这是因为花草是有生命的，它们生长在太阳下，叶子里的水分也会从叶子的气孔中跑出去。可花和草还有根，根上有许多细小的根毛，这些根毛能吸收土壤里的水分，并源源不断地输送到叶子里去，补充叶子失去的水分，所以它们能照常生长。

不过，要是把花草的根弄坏了，或是久不下雨，土壤很干，又不浇水，花草也会死掉的。因此，我们要经常给花草浇水，这样才能让它们长得更好。

【说一说】为什么太阳晒不干花草呢？

【做一做】记着经常给家里或学校的花草浇浇水。

# 冬天树上的芽不怕冷

冬天到了，西北风呼呼地刮着。乐乐穿着羽绒服，戴着棉帽，把自己捂得严严实实的。当他走到马路边时，看到一根被风吹断了的树杈就捡了起来。咦，树变成光秃秃的了，可树杈上还有许多小芽！抬头看树，树枝上的小芽还有很多。为什么冬天树上的芽不怕冷呢？

原来，在每个芽外面，都紧紧地包裹着一层层像鱼鳞一样的鳞叶，有的上层还有一层蜡质。正是因为有了这样结实的外衣保护，它们才不会在冬天的低温环境下被冻坏。另外，由于被鳞叶紧紧包裹着，芽里的水分不会随便蒸发，这样就能使芽安全过冬。到了春天，天气暖和了，一个个芽里就会长出鲜嫩的新枝绿叶。还有的植物，如迎春花、榆叶梅等的芽还能开出美丽的花呢。

【说一说】为什么冬天树上的芽不怕冷呢？

# 盆栽花需要换花盆

又到春天，小刚看见爸爸又在摆弄花了，只见爸爸把小盆换成了大盆，有的就将原来盆里的土换成了新土。小刚觉得很好奇，便问爸爸："为什么每年的春天都要换花盆和土？"

爸爸告诉小刚，种在花盆里的花是不断生长的，花的根也在不断地生长，这样一来，等花长到一定程度，原来的花盆就不适于花的生长了，这时就要换大一点的盆。

还有，花生长在花盆里，需要肥料和水分，时间久了，盆里的土往往就会变得很硬，土里的营养也越来越少，已经不能满足花生长的需要了，这时，只有更换新的培养土，才能使花长得更好。

另外，某些盆栽花在冬天是要休眠的，春天一到，要使花长得强壮旺盛，重新开花，也需要换盆。

【换盆小贴士】

一、换盆时间

换盆最适合在盆栽花休眠期和生长初期进行，在这两个阶段换盆，对盆栽花的生长影响不大。最不适宜在盆栽花生长旺盛期、花蕾期、开花盛期、结果期进行，在这几个时期换盆，会影响其生长，使其错过生长期，或者让本该开花的盆栽花错过花期等，会造成严重的后果。对于正处于缓苗期的盆栽花，也不宜换盆，因为花根本来就受到了损伤，此时再换，会造成二次损伤，让缓苗期无限延长。换盆最适合在春、秋两季进行，有的盆栽花在冬季换盆也可以。但无论如何，绝对不要在盛夏高温时期给盆栽花换盆。

二、换盆方法

换盆时，首先要选择大小合适的花盆。安全的换盆既要保持完好的植株，又不致损坏花盆。其关键是在翻盆前3～4天停止浇水，使花盆中的土略带干燥。在翻盆时，将花盆用左手倒托起，然后用右手掌拍击花盆，或者用木棒推压花盆排水孔，花卉植株即可带土一齐脱出花盆。脱出花盆的植株根系，在盆土边沿分布着密集的白色根系，用竹扦插松须根，并扦除大部分陈土，保留三分之一，带土移植于新盆。

换盆时，在新花盆的排水孔上，交错放置2～3片瓦片，然后加入适量营养土，将植株植于盆中央，扶正，再添营养土至根颈部，用竹扦扎实盆沿四周土壤。浇透定根水，将盆放置于阴凉通风处，两星期后才能接受阳光。同时，还可结合换盆进行分株繁殖，如盆栽的君子兰、吊兰、珠兰、文竹等都可在换盆时进行分株繁殖。

三、换盆注意事项

换盆的时候，盆栽花根部尽可能多带些土，尽量避免裸根，这样更容易成活。如果原来的花盆为软塑料盆（或者纸杯），建议剪开，这样做不会伤到盆栽花根系。换盆不要在短期内连续进行，一般盆栽花，两次换盆之间至少要间隔半年甚至更长；但对于处于育苗中的盆栽花，则可以视花苗生长情况而定，花苗长大一圈就可以给它换。

【说一说】你知道为什么盆栽花需要换花盆了吗？说给同伴听一听。

【想一想】给盆栽花换花盆时应注意哪些事项？

# 不能给花浇凉开水

夏天天气炎热，当我们觉得口干舌燥时，喝上一杯凉开水，马上就会觉得又解渴又舒服。但是如果你让渴得难受的小花也喝凉开水，那小花不仅不会感谢你，反而要对你提出抗议了。小朋友们，你们知道这是为什么吗？

这是因为凉开水是经过加热的水，加热后，水中的营养少了，花喝了会长得慢。

花是需要喝水的。在家里养花，一般给它浇些自来水就可以了。有的花要经常浇一些淘米水，特殊的花还要浇一些特殊的营养水。而有些花，收集一些雨水或剩茶水浇也可以。

养花是一门艺术，也是一门科学，只有懂得科学养花，花才能养得好，长得快。所以，我们要特别爱护它们，精心培育它们，使我们的居住环境更加美丽。

**【说一说】**怎样浇花才能使花长得更好呢？

# 花的颜色为什么不一样

春天来了，许多花都开放了，有黄色的迎春花、粉红色的桃花、白色的梨花、紫色的丁香花……五颜六色，漂亮极了。

花的颜色是从哪里来的呢？为什么每种花的颜色都不一样呢？

原来，每朵花的内部都藏着一种叫作“花青素”的东西，是花青素把花“染”成了各种各样的颜色。花青素是一种有机色素，会随着环境的温度、酸碱度的变化而变化。每朵花里所含的花青素不一样，花的颜色也就不一样了。花青素就像美术师一样，细心地给每一朵花涂上不同的颜色。它把石榴花涂成红色，把丁香花涂成紫色，把菊花涂成黄色、白色、青绿色……

那么，花青素为什么会有这么大的本领呢？小朋友们，等你们长大了，动脑筋去学习，去观察，去研究，去搞清楚到底为什么吧！

【说一说】花的颜色为什么不一样？

# 栖霞山的植物

栖霞山有大量的植物，其中野生植物有500种，分属于342属108科。

栖霞山植物区种类最多的科为菊科，其次是禾本科、豆科、蔷薇科等。

根据栖霞山植物资源的特点，本地的野生植物可以分为观赏植物资源、名木古树资源、珍稀濒危植物资源、药用植物资源、其他用途的植物资源五大类。

我们每年都会定期组织植树活动。植树最好选在阴天或降雨前进行。一般先根据植物的大小挖出适宜的坑，挖坑时要将表面的土、下面的土分倒在坑两侧，然后就可以固定苗木了。放置树苗时，要将根部扶正，枝要展开。栽树时，须分三次填土。最后，浇水一定要浇透。

【读一读】读准文中的生字。

【说一说】你参加过植树活动吗？植树时需要注意什么？

# 栖霞山的红叶

栖霞寺历经沧桑，多次更改名称，而栖霞山风雨千年却依然如故。它以“枫丹霜白”的美丽风景，赢得海内外游人发自内心的赞叹。

栖霞山的红叶种类主要有枫香、乌桕、槭木等共40多种。品种不一样，变色时间也不尽相同。每到秋高气爽、万里霜天时节，那层层叠叠的红枫，似片片丹霞，如炽如焰，尽染层林；年年岁岁，游人如织，登山赏枫，络绎不绝。1984年，“栖霞丹枫”被列为“金陵新四十景”之一。

为了更好地装点栖霞寺，美化栖霞山，1985年，管理部门在栖霞寺山门外又专门开辟了一处新景点——“霜红苑”，建成红叶林，并精心管理，使栖霞山的春夏秋冬四季常红，景致更胜从前。

【问一问】向父母了解“霜红苑”的美景。

【查一查】调查一下栖霞山的红叶有多少种？并了解它们的分布情况。

【做一做】做一枚红叶书签送给自己的同学或老师。

# 栖霞山的桃花

你相信吗？素来以“秋观红叶”而著称的栖霞山，如今却又成了“桃花盛开的地方”。不信？那就请跟我来。

在栖霞寺北侧的桃花涧，每到四、五月，桃树飞红，野花生香，

溪水潺潺。大片大片的桃树夹溪而生，桃花开得热热闹闹，明艳异常。据介绍，桃花涧在明代即是游览胜地。自宋明到清代，其景观都为许多文人墨客所称道，加之明末清初，“秦淮八艳”之一李香君为避战乱，从夫子庙来到栖霞山，归隐于古桃花涧旁，随卞玉京一起入葆贞庵为尼。李香君死后也就葬在桃花涧旁。至今，古桃花涧旁还有天开岩、禹王碑、桃花扇亭、般若台、珍珠泉、见山楼、九株松等景点和遗迹。

为了充实桃花涧文化，为栖霞山增色，近几年，风景区管理处每年都要在桃花涧畔遍植桃花。目前，栖霞山的桃花品种有紫叶桃、碧桃、五宝、寿星桃、蟠桃等20多种，花色有白、绿、粉红、朱砂红、深红、大红等。单瓣、重瓣都有，每至春季，涧畔桃花开放，灿若云霞。在春风里，游人们徜徉在桃花丛中，好一幅“人面桃花相映红”的景象啊！

【看一看】春天到了，到桃花涧赏桃花。

【查一查】收集歌咏桃花的诗句并背诵。

【做一做】抄一首咏桃花的诗，做成小书签。

# 栖霞的茶

爷爷是个“老栖霞”，他总爱坐在院子里的梧桐树下，静静地品茶。一天，我陪爷爷在梧桐树下喝茶，爷爷笑眯眯地看着我说：“喝了半辈子的栖霞松针啦，这可是咱栖霞的特产呀！”“爷爷，您能说说栖霞的茶有什么故事吗？”

爷爷呷了一口茶说，中国第一首以“名茶入诗”的诗篇，就是李白在栖霞寺停留期间所作。被后世尊为“茶圣”的陆羽，在品遍各地的名茶名泉后，也专程从湖北来到栖霞山，他亲自采摘绿芽，焙新茗，取清泉，品香茶。此后，寺中的僧人就在陆羽品茶处建造了茶亭。现在，人们在山上修建了一座茶庄，取名就叫“陆羽茶庄”……

“可是，现在栖霞山上根本就没有茶树，您怎么说栖霞松针是咱栖霞的特产呢？”我忍不住指着爷爷喝的茶问。

“孩子，你可不知道啊。”爷爷又喝了一口茶说，“虽然现在栖霞山上没有了大片的茶树，但是十月、衡阳、林山、向前及漳桥等几个村都遍栽茶树，盛产茶叶。尤其是十月茶场生产的松针茶，那可是最有名的了。你瞧，我喝的不就是向前、漳桥村生产的茶叶么？家乡的松针茶啊，真可以说是色、香、味俱佳。你看它形似松针，根根挺拔，色泽翠绿，汤色诱人，香气沁人心脾。美美地喝上一口，其味道醇厚而爽口，令人爱不释手，赞不绝口啊！”

听爷爷说得这么好，我不由得也抿了一小口茶，虽然有些苦涩，但那种淡雅馨香让我一下子神清气爽，豁然开朗。忽然间，我似乎明白了爷爷为什么会对栖霞松针如此钟情，这里是否包含着爷爷对栖霞的山、栖霞的水、栖霞的人，以及栖霞的一切一切，那种挥之不去的眷念呢？茶虽然是苦的，但它留下来的余韵却是悠长而耐人寻味的。

【查一查】了解一下栖霞的茶叶都有哪些种类。

【写一写】在家长的带领下，亲自去一趟附近的茶场采一次茶，并写一篇采茶日记。

【读一读】

茶文化在汉族人民的生活中非常重要。武王伐纣时，茶叶已作为贡品。原始公社后期，茶叶成为货物交换的物品。战国时期，茶叶已有一定规模。《诗经》里也有关于茶的记载。汉朝时，茶叶成为佛教“坐禅”的专用滋补品。魏晋南北朝时期，已有饮茶之风。隋朝时，全民普遍饮茶。唐朝时，茶业昌盛，出现了“人家不可一日无茶”的繁荣景象，出现了茶馆、茶宴、茶会，提倡客来敬茶。宋朝则流行斗茶、贡茶和赐茶等。

饮茶的历史也很古老。饮茶起源于西南地区。在秦以前，主要是四川一带产茶和饮茶。明代顾炎武的《日知录》中写道：“秦人取蜀，始知茗饮事。”可见，饮茶风习是从四川传出来的。因为隔着千山万水，“蜀道”险阻，种茶、饮茶仅局限于四川一带。

直到秦统一了中国，促进了四川和其他地区的经济交流，种茶和饮茶才由四川逐渐向外传播。先流传至长江流域，5世纪，北方饮茶相效成风，六、七世纪再传播到西北。随着饮茶习惯的广为传播，茶叶消费量迅速增加，从此，茶叶成为中国各族人民普遍喜爱的一种饮品。

汉族人饮茶注重一个“品”字。凡来了客人，沏茶、敬茶的礼仪是必不可少的。当有客来访，可征求意见，选用最合来客口味的茶叶和最佳茶具待客。以茶敬客时，对茶叶适当拼配也是必要的。主人在陪伴客人饮茶时，要注意客人杯、壶中的茶水残留量，一般用茶杯泡茶，如已喝去一半，就要添加开水，随喝随添，使茶水浓度基本保持前后一致，水温适宜。在饮茶时也可适当佐以茶食、糖果、菜肴等，达到调节口味之功效。

# 栖霞的冬青

在栖霞古寺“弥勒殿”前两侧，有四株高大的冬青树，树龄均超过百年以上，因而也被称为“长寿树”。有趣的是，这几棵大树每株都是一株四枝，都是近地而分。当你站在树下往上看时，枝连枝，叶连叶，整颗树就像一把大伞，为你遮阴挡雨。

冬青树属于常绿乔木，树皮呈淡灰色至暗灰色，较平滑，小枝淡绿色。叶成对互生，呈椭圆形或长圆形，叶边有钝锯齿。夏天开紫红色的小花，均开在枝端叶腋处，还带有一丝丝淡淡的清香。秋天红果累累，是优美的观赏树。

冬青树的树干较直，木质细腻坚韧，容易切削，是雕刻、制作木梳、镶嵌等的细工材料。冬青树的根、皮、叶、种子都可以入药，有消热解毒、活血止血之功效。

【做一做】调查栖霞山的古树名木，填写下表。

| 树名 | 树龄 | 形态、特征 | | | 特殊作用 |
|---|---|---|---|---|---|
| | | 叶 | 花 | 果实 | |
| 冬青树 | | | | | |
| 皂荚树 | | | | | |
| 侧柏 | | | | | |
| 枫树 | | | | | |
| 响叶杨 | | | | | |
| 柘树 | | | | | |

【想一想】栖霞山的自然环境十分良好，这与哪些自然条件有关？

# 栖霞的银杏

银杏是世界上残存的最古老的植物活化石之一，在两亿年前大量分布在世界广阔的土地上，但经第四纪冰川运动，大多都灭亡了，成了化石。南京栖霞山脚下的江南水泥厂生活区内就有一株古老的银杏树，至今已有1200多年历史。

我们学校周围也种植着一些银杏树。春天，银杏树上长出了新叶。新叶是嫩绿色的，像一把扇子，叶柄很长，所以叶子都是下垂着的。远远看去，银杏树就像一位穿着绿衣裳的仙女在春风中翩翩起舞，美丽极了。

银杏树的果实最初是青色的，秋天来临的时候，就由青色变成了淡黄色。果实成熟的时候，就变成了白色的，一颗颗地挂在树上，所以又叫白果。白果有一层硬壳，不太厚，但它可以保护里面的果肉。果肉是淡黄色的，中间夹着一根细蕊，就像莲子一样，很苦，不可以吃。所以吃果肉时，一定要把白果的皮剥掉，把蕊抽出来，只吃果肉。白果的好处很多，身体差的人吃用它煲的汤，可以起到强身健体的作用。

银杏的生长极为缓慢，爷爷这一代的人在年轻时种下的树苗，往往在儿孙满堂时才能结果，所以银杏树又被人称为“公孙树”。

【找一找】找出描写银杏树的叶子和果实的句子，读一读。

【说一说】你知道银杏有哪些药用价值吗？

# 栖霞的白杨树

上学的路上会看到许多白杨树。好高的白杨树啊！有多高呢？如果你抬起头来想看到树尖的话，那你头上的帽子就有可能会掉下来。好茂盛的白杨树啊！在密密的叶丛中，你只能看到星星点点的天空。

这些白杨树平均有一抱多粗，树皮是银白色的，特别光滑。每到赤日炎炎的夏天，白杨树便撑开“大伞”，用浓密的绿荫为树下的植物带来一片凉爽。白杨树的叶子近似于桃形，密密麻麻。当风吹过时，树叶会发出“哗啦哗啦”的声音，就像人们热烈的掌声。在阳光的照耀下，每一片叶子都是绿油油的，闪闪发光。树下生长着不知名的小草，十分柔软，就像一块翠绿的地毯。而那偶见的野花，便成了洒在绿毯上的玛瑙翡翠。再看那小喇叭似的牵牛花，亭亭玉立，镶嵌在嫩绿的叶子中间，吹奏起一支支美妙的交响乐，令人心旷神怡。

白杨树的生命力十分顽强，即使在干旱、贫瘠的土壤中也能生长；而且它的树干非常结实，可以用来建造房屋。我国北方的广大地区普遍种植了白杨树林，用以阻挡沙尘暴的入侵。

多么了不起的白杨树呀！它朴实、顽强，是我们人类的好朋友。我们要好好保护它们，让它们茁壮成长。

【想一想】分别写两条保护树木和保护小鸟的公益广告语。

【说一说】白杨树有哪些品质？读了这篇课文，你想到了哪些像白杨树一样的人？简要说说他们的事迹。

# 栖霞的芦蒿

你知道“中国芦蒿第一乡”在哪里吗？——那便是南京栖霞区的八卦洲。

作为栖霞人，我对芦蒿是有着较深的了解的。往往在每年的9～10月份，人们把芦蒿的幼苗插下，春节前后便可以收获了。家乡的芦蒿是无公害产品，一般和筷子一样高，通身发绿，一条茎上长着十五六片叶子。叶子碧绿，尖而细，前端分叉光滑，片片围绕着茎，每一片都精致、漂亮、鲜嫩。它的根则是又白又嫩。我们通常将叶子去除，吃它那又细又长的茎。

芦蒿作为餐桌上的一道美味，其营养价值很高，不仅有维生素、蛋白质、脂肪，还含有矿物质——铁，是一种对人体非常有益的绿色食品。清炒芦蒿的口感非常好，清香、可口。春节期间，走在街上都能闻到炒芦蒿散发出来的清香。经过深加工后，人们还能把芦蒿做成芦蒿干、芦蒿茶、芦蒿酒等。

如今，芦蒿已成为家乡的代表，成为家喻户晓的南京特产。

我爱家乡，也爱家乡的芦蒿。

【试一试】按下列步骤做一道美味可口的炒芦蒿。

1.将芦蒿洗净切段；红辣椒切丝；葱、姜切末。

2.烧锅下油，放入姜末、葱末炒香。

3.加入芦蒿段、红辣椒丝、盐翻炒，滴白醋、植物油，放入鸡精翻炒均匀即可。

【想一想】为家乡的芦蒿设计一个产品推销广告。

# 会爬墙的爬山虎

一天，小明看到高高的墙上爬满了叶子，就问妈妈："叶子不是都长在树上吗？这里的叶子怎么长到墙上了？"妈妈告诉他，这种植物叫爬山虎。爬山虎不是靠自己的茎来支撑身体的，而是靠攀附着别的物体向上生长。爬山虎是一种攀援植物，它可以贴着墙壁或假山垂直向上爬。

为什么爬山虎能爬上墙呢？原来，它的茎节上生长着许多粉红色的又短又细的"丝"，人们把这种细丝叫作卷须。在每条卷须的分支顶端，都长着几个能向外分泌粘性物质的吸盘，它就是用这些吸盘紧紧粘附在墙壁或假山上的，即使大风也不能把它们吹跑。

爬山虎的覆盖效果非常好。著名作家叶圣陶先生在《爬山虎的脚》一文中这样描述："那些叶子绿得那么新鲜，看着非常舒服。叶尖一顺儿朝下，在墙上铺得那么均匀，没有重叠起来的，也不留一点儿空隙。一阵风拂过，一墙的叶子就漾起波纹，好看得很。"

秋天，爬山虎的绿叶变成红色或黄色，挂在墙上，从远处望去，就像一幅美丽的图画。

【小观察】观察校园里或周围小区里的爬山虎，和小伙伴们说说你观察到的爬山虎的样子。

# 花中之王——牡丹

小朋友，你们知道吗？在花的王国里，牡丹有着“花中之王”的美称。这是为什么呢？

艳丽动人的牡丹，她的花色鲜艳，姿态万千，色香俱佳，是名贵的观赏花木。牡丹的颜色较多，有红牡丹、紫牡丹、白牡丹、黄牡丹，更为罕见的，还有黑牡丹、绿牡丹，真是五彩缤纷啊！

历史上流传着牡丹不畏权势的故事。传说，在一个大雪纷飞的日子，女皇武则天在长安游后花园时，命令百花同时开放，以助她的酒兴。可是，众所周知，各种花都有自己的花期，而且开花的时间也不一样。如紫罗兰在春天盛开，玫瑰花在夏天怒放，菊花争艳在深秋，梅花斗俏在严冬，所以要使百花同时开放是很难办到的。但是，百花慑于武则天的权势，都违时开放了，唯有牡丹，依旧是干枝枯叶，傲然挺立，拒不开花。武则天大怒，便下令把牡丹移到了洛阳。牡丹一到洛阳，立即昂首怒放，充分表现了她英勇不屈的性格。牡丹的这种“富贵不能淫，威武不能屈”的精神，正是我们民族性格的象征。

不仅如此，牡丹还是一味很好的药材。牡丹的根可以做药，中医上称之为“丹皮”，具有解热镇痛、抑菌、降压等功效。

**【说一说】**请你说一说牡丹能不能称得上是花中之王呢？

# 为什么夏季人们喜欢吃西瓜

夏季，人们最喜欢吃的水果就是西瓜了。小朋友们，你们知道这是为什么吗？

西瓜是一年生草本植物，结的瓜是圆形或椭圆形的，瓜皮的颜色是绿色的或绿花纹的。西瓜瓤汁多而甜，颜色有浅红、深红、明黄等。

西瓜内含有93%左右的水分，在水果中是比较多的。它的果汁中含有维生素、果糖、氨基酸、果酸、磷酸、苹果酸、胡萝卜素、葡萄糖、蔗糖酶等，营养丰富，是夏季消暑解渴的优良果品。

西瓜的故乡在非洲。我国种植西瓜的历史悠久，而且培育出了许多优良品种。西瓜还是较好的药材，它的瓜汁、瓜皮均可以入药，既能消暑解热，又有利尿降压的疗效。

不过，小朋友们千万要注意，不要吃刚从冰箱里拿出来的西瓜，那样容易得肠胃病。正确的做法是，拿出来之后，先放一会儿再吃。

【说一说】请你说一说西瓜都有哪些好处。

# 不能生吃杏仁

甜杏、酸杏、杏干、杏脯都是我们爱吃的。杏的果肉好吃，可里边的种仁却不能生吃。你知道这是为什么吗？

原来，这种仁里含有一种叫作“苦杏仁苷”的化合物。这种化合物本身没有什么，但是它一遇到特殊的酶类物质，在温度合适时就会发生变化。如果你把它咬碎了吃到肚子里，苦杏仁苷和酶一起跑到胃里，碰到酸的胃液，苦杏仁苷就会变成一种有毒的物质——氢氰酸。一旦中毒，轻则呼吸困难，瞳孔放大；重则惊厥、昏迷、抽搐，甚至死亡。所以，我们一定要注意，不能生吃杏仁。

既然杏仁有毒，为什么还用它来做杏仁露呢？原来，杏仁经过煎煮后，其中所含的有毒物质都已经被分解掉了，毒性已经降低，所以我们吃起来就不会中毒了。

杏仁不能生吃，但是可以用来制药。杏仁止咳利用的就是煎煮后残留的微量氢氰酸。

需要注意的是，不光杏仁不能生吃，桃仁、枇杷的种仁也不能生吃，它们同样是有毒的。

【说一说】和你的同伴交流一下为什么杏仁不能生吃。

# 山楂有丰富的营养

小朋友们一定吃过山楂吧？

山楂是秋季成熟的水果，带有酸味。可别小看这小小的山楂，它可有着丰富的营养价值。

山楂中各种营养成分的含量，几乎超过了其他所有落叶果实。让我们拿山楂和苹果来比一比吧。山楂的含钙量是苹果的7.8倍，含铁量是苹果的7倍，胡萝卜素的含量是苹果的10倍，核黄素的含量是苹果的5倍，抗坏血酸就更多了，是苹果的17.8倍。

山楂不但营养丰富，还可以当药材。用它做药可以消积食，散淤血，去绦虫，治痢疾，解毒，提神。泡茶喝能解热，增进食欲。

山楂的吃法有很多，除鲜吃外，还可以做成果汁、冰糖葫芦、果酱、果酒、山楂片、山楂饼、山楂卷、山楂罐头等。

【说一说】和你的同伴交流一下山楂都有哪些营养价值。

# 胡萝卜营养丰富

有的小朋友不爱吃胡萝卜，可是你知道吗？胡萝卜的营养可丰富了。

胡萝卜又叫黄萝卜，颜色靓丽，脆嫩多汁，芳香甘甜，对人体有多方面的保健功能，被誉为“小人参”。胡萝卜里含有丰富的胡萝卜素，它能变成更有用的维生素，可以促进身体的发育和骨骼的生长，保持视力正常，治疗夜盲症和眼干燥症等。

胡萝卜素有一个突出的特点，就是不溶于水。此外，热量对它的影响也很小。其他蔬菜一经加热，其所含的维生素就会被破坏，而胡萝卜素经过炒、煮、蒸、晒后，只有少量被破坏。所以，胡萝卜生、熟都可食用，尤其是煮熟后，更利于人体吸收。胡萝卜还可用于煲汤，味道非常鲜美。

你们说，我们该不该多吃胡萝卜呀？

【说一说】和你的同伴交流一下胡萝卜都有哪些营养。

# 土豆是茎，白薯是根

我们都吃过土豆，也吃过白薯，但是，有很多人分不清土豆和白薯。你别说，土豆和白薯的食用部分长得还挺像，可它们却分别属于植物的不同部分。

一般的植物是由根、茎、叶、花、果实、种子构成的，像苹果树、梨树，我们很好分辨，而土豆和白薯就不一样了。

先看土豆，它的表面有许多“小坑”，坑里有芽，孔边有一道像眉毛一样的痕迹。坑和痕迹有个科学的名字叫“芽眼”。如果把各个芽眼用线连起来，我们会看到芽眼在土豆上有次序地排列着。芽眼里的芽可以长出枝叶来，这是大多数茎的特征，所以说土豆是茎。

白薯虽然也能长出芽，但芽的位置很乱，没有排列顺序，又没有像土豆那种叶子的痕迹，这是根的特征，所以说白薯是根。

【找一找】观察一下土豆上的芽眼有什么特征。

# 栖霞的玉米

我，是一粒玉米籽儿。四月，下过一场雨后，我终于醒了，在泥土之中悄悄地萌芽了。在破土之后，我把根深深地扎在泥土之中，长势旺盛。瞧我，亭亭玉立，倩影婆娑，修长的叶子轻柔地摇曳在微风之中，简直美丽极了。

太阳公公每行走一次，就赠送给我一根红线，我把这些红线束成红缨举过头顶。农民伯伯弯腰为我锄草、施肥，我将农民伯伯的汗滴化成了珍珠藏在身上。

不知何时，我发现自己已经结了一个玉米棒子。我穿着翡翠绿的包衣，吐着玛瑙紫的缨须，看上去是那么可爱！

农民伯伯将我们收割完毕之后，就会将我们送到不同的地方。我们中的一部分会被当作饲料，用来喂食动物，一部分会被人们做成各种美食，端上人们的餐桌，还有一部分则会被应用到食品、医药、化工等很多领域。我们发挥的作用越来越大啦！

【说一说】说一说与玉米有关的食品。

【做一做】在爸爸妈妈的指导下种一棵玉米，并记下玉米的生长过程，与玉米一同成长。

# 栖霞的空心菜

初夏，菜园里简直就是一片绿色的海洋，其中就有空心菜的一片小天地。那一棵棵嫩绿的空心菜，茎长叶疏，叶尾尖细，鲜绿脆嫩。

空心菜又叫通心菜或蕹菜，它的吃法多种多样。有的人喜欢把空心菜的叶子全部摘掉，把茎折成一小段一小段的，再把空心菜和辣椒一起放到油锅里翻炒。有的人喜欢把一棵棵长长的空心菜放入开水里烫一分钟，然后捞起来放在盆子里晾干，再加入蒜蓉、酱油、盐等配料，让人吃了回味无穷。

需要注意的是，空心菜不耐久放，如果想保存较长的时间，可以将带根的空心菜放入冰箱中冷藏，这样可以维持5～6天。我们在市场上选购空心菜时，应以色正、鲜嫩、茎条均匀、无枯黄叶、无须根、无病斑者为优。如果是失水萎蔫、软烂、长出根的空心菜，则为次等品，不宜购买。

【做一做】按照文中介绍的方法，在爸爸妈妈的帮助下，做一道空心菜，请家人品尝你的手艺。

# 动物篇

# 听见喜鹊叫

听见喜鹊叫，
客人就来到。
客人来我家，
我就把茶倒。

小朋友们，我们在日常生活中经常可以见到喜鹊。民间将喜鹊作为“吉祥”的象征。有这样一个故事：贞观末期，有个叫黎景逸的人，他家门前的树上有个鹊巢，他经常给巢里的鹊儿喂食。时间长了，人和鸟就有了感情。一次，黎景逸被冤枉入狱，他倍感痛苦。突然有一天，他喂食过的那只鸟停在狱窗前欢叫不停。他暗自想，大约有好消息要来了。果然，三天后，他被无罪释放。

# 小蟋蟀

天不怕，地不怕，
就怕回家爸爸骂。
爸爸骂，为的啥？
不爱学习爱打架。

秋天，在小区或者野外，我们常常可以看见蟋蟀。蟋蟀也称“促织”“趋织”“吟蛩”“蛐蛐儿”，它的触角比身体还要长。雄性以翅摩擦发音，好斗。蟋蟀穴居，常栖息于地表、砖石下、土穴中、草丛间。在夜间活动，啮食植物的茎叶、种实和根部，是农业害虫。

【说一说】喜鹊报喜的传说。

【量一量】去草丛里捉一只蟋蟀回来，量一量它的触角，再和它的身体比一比，看谁更长。

# 山羊和绵羊

角儿尖尖，
胡子长长，
借你皮毛，
好做衣裳。
角儿弯弯，
毛儿卷卷，
剪下毛毛，
好纺线线。

山羊和绵羊是我们栖霞地区经常可以见到的饲养动物。它们都有胡须，喜欢吃带苦味的嫩枝和树叶。它们嗅觉灵敏，对食物一定是先嗅然后再吃。它们喜欢喝流水，喜欢攀登陡坡和悬崖。不同的是，在外形上，公绵羊有螺旋状的大角，母绵羊没有角或仅有细小的角；而山羊的角是又细又长的，并且向两侧张开。在绵羊不能攀登的地方，山羊却行走自如。此外，山羊还喜欢角斗。一般情况下，体形大的山羊只需要跺跺蹄子、摆弄尖角，或者仅仅是盯视对手，就能逼迫小的山羊离开。

【背一背】背诵这首儿歌。

【说一说】山羊和绵羊有哪些相同点和不同点？

【画一画】请你动手画一画山羊和绵羊。

# 什么虫儿空中飞

什么虫儿空中飞？蜻蜓蜻蜓空中飞。
什么虫儿树上叫？知了知了树上叫。
什么虫儿路边爬？蚂蚁蚂蚁路边爬。
什么虫儿草里跳？蚂蚱蚂蚱草里跳。

夏天，我们在上学、放学的路上随处可见蜻蜓。蜻蜓是捕蚊高手，蜻蜓的幼虫在水中可以捕食孑孓，长成蜻蜓以后，能大量捕食蚊、蝇、蝶、蛾、蜂等害虫。

天气炎热时，我们可以听到从学校的梧桐树上传来的知了的叫声。知了的学名叫蝉。夏天，它们在树上发出响亮的叫声，用刺吸式口器吸取树汁，对树木有害。蝉蜕下的壳称为“蝉蜕”或“蝉皮”，可以做药材。

蚂蚁是我们常见的昆虫，一般体小（0.5cm～2.5cm），颜色有黑、黄、红、白等，体壁具有弹性，且光滑或有微毛，很容易识别。蚂蚁为多态型的社会昆虫，能搬动比自己重几百倍的物体。它们具有明确的劳动分工，一般有蚁后、雌蚁、雄蚁和工蚁4级。工蚁全部为雌性，但是不能生殖，负责照顾蚁后和幼虫，然后逐渐地开始做挖洞、搜集食物等较复杂的工作。幼虫和蚁后无法独立生活，完全由工蚁喂养。蚂蚁还是建筑专家，一般会在地下筑巢，蚁穴内有许多分室，这些分室各有各的用处，还能防水。

蚂蚱是蝗虫的幼虫，在山区、森林、低洼地区、半干旱区、草原地区分布最多，是农业害虫，在严重干旱时可能会大量爆发，对自然界和人类造成危害。幼虫只能跳跃，成虫可以飞行，也可以跳跃。

【找一找】夏天我们身边还有哪些常见的昆虫？

【玩一玩】找一个朋友和你一起，像文中开头那样玩问答游戏。

【查一查】为什么说蚂蚁是建筑专家？它的洞穴有哪些优点？

# 小蜗牛

小蜗牛，到处跑，
就怕妈妈找不到。
想个办法好又好，
画条银线做记号。

三、四月份的雨后，我们在操场上潮湿的草丛里可以找到小蜗牛。蜗牛喜欢在阴暗潮湿、疏松多腐殖质的环境中生活，昼伏夜出，最怕阳光直射。当温度或低于15℃、或高于33℃时休眠，在低于5℃或高于40℃时，则可能会被冻死或热死。当受到敌害侵扰时，它的头和足会缩回壳内，并分泌出一种粘液将壳口封住。蜗牛在爬行时，还会在地上留下一行粘液，这是它体内分泌出的一种液体，这种液体可以使蜗牛即使走在刀刃上也不会有危险。

# 没空的癞蛤蟆

我家院子里，
有只癞蛤蟆。
冬天睡大觉，
夏天忙捉虫。
我想和它玩，
它说我没空。

癞蛤蟆正式的名称叫蟾蜍，形体大，背上有层层叠叠的点，行动迟缓，不能跳跃，也不能鸣叫。癞蛤蟆喜欢生活在泥土中，或栖居在石下、草间，夜出觅食，捕食多种有害昆虫和其他小动物。癞蛤蟆是捕捉害虫的高手，比青蛙捕捉害虫的本领还大。从癞蛤蟆身上提取的蟾酥、蟾衣，是我国紧缺的药材。

**【看一看】**捉一只小蜗牛观察。观察完之后记得把它放回家哦！

**【读一读】**

◎蜗牛：是世界上牙齿最多的动物。虽然它的嘴大小和针尖差不多，但是却有26000颗左右的牙齿。它的头部有两对触角，后一对较长的触角顶端有眼，腹面有扁平宽大的腹足，行动缓慢，足下分泌黏液，可以降低摩擦力以帮助行走，黏液还可以防止蚂蚁等一般昆虫的侵害。

蜗牛是陆地上最常见的软体动物之一，它主要以植物为食，特别喜欢吃农作物的细芽和嫩叶，所以野生的蜗牛对农作物的危害较大。随着科学的发展，人们将其变害为利，对蜗牛进行人工饲养，让蜗牛为人类提供营养价值很高的蜗牛肉。

◎蟾蜍：蟾蜍是幸福的象征，是农作物害虫的天敌，为人类做了很多好事，又被称作“癞蛤蟆”。据科学家观察研究，在消灭农作物害虫方面，蟾蜍要胜过漂亮的青蛙，它一夜吃掉的害虫，要比青蛙多好几倍。蟾蜍在入药方面也比青蛙高出一筹。

此外，蟾蜍不仅能巧妙地捕食各种害虫，也能很好地保护自己。它满身的疙瘩能分泌出一种有毒的液体，凡吃它的动物，一口咬下去，马上会产生火辣辣的感觉，从而不得不将它吐出来。

# 栖霞的家禽

人类为了经济目的或其他目的而驯养的鸟类就是家禽。家禽的饲养、驯化在中国已有数千年的历史，并培育出很多世界名贵品种。

栖霞地区常见的家禽有鸡、鸭、鹅。但是，现在鹅已经比较少见了，最常见的是鸡和鸭。

鸡是人类饲养最普遍的家禽。鸡的祖先是原鸡，主要是红色原鸡，其驯化历史至少约4000年。鸡的种类有火鸡、乌鸡、野鸡等。鸡的抗寒力差。刚出壳的雏鸡，体温比成年鸡低3℃，加上雏鸡的绒毛又短又稀，不能御寒，所以对环境的适应能力不强，必须通过人工保温的方法，才能使雏鸡正常地生长发育。鸡的抵抗力弱，特别是雏鸡，很容易受到有害微生物的侵袭。因此，除做好环境的清洁卫生外，还要做好预防工作，如严禁外人进出鸡舍，对环境和笼具进行消毒，各种鸡都要定期注射各种预防针等。鸡胆小，易惊群。因此，养鸡要选择安静的地方。粗暴的管理、突来的噪音、狗猫闯入等都能导致鸡群骚乱，影响鸡的生长。

鸭的原种是凫，绿头鸭和斑嘴鸭是家鸭的祖先，鸭的体型相对较小，脖子短，腿位于身体后方。一般头大、鼻孔窄小、沿嘴甲呈线状、身体圆、尾巴尖的是公鸭，而头小、鼻孔较大略呈圆形、身体扁、尾巴散开的是母鸭。鸭的眼睛有360度视域，不用转头就可以看到身后。根据鸭的特有行为，可以将鸭分为钻水鸭、潜水鸭和栖鸭三个主要类群。绿头鸭是钻水鸭的一种，在春天从南方飞到北方产卵，秋天再飞到南方过冬。被人类

驯养后，它们便失去了迁徙的特性，时间一长，它们就失去了孵蛋的本领。潜水鸭的种类最多。

鹅被认为是人类驯化的第一种家禽，它来自于野生的鸿雁或灰雁。我国家鹅的祖先是鸿雁，大约在三四千年前就已经被人类驯养。成年的鹅比鸭大，额部有肉瘤，脖子长，嘴扁而阔，腿高尾短，脚趾间有蹼，羽毛白色或灰色。鹅善于游泳，栖息于池塘等水域附近。吃谷物、蔬菜等，耐寒，合群性及抗病力强。生长快，寿命较其他家禽长。主要品种有狮头鹅、太湖鹅等。

家禽除提供给人类肉、蛋外，它们的羽毛可以做羽绒服，粪便则是非常好的肥料。

家禽在农村一般是散养的。现在，因为农村城市化进程的加快，适合散养家禽的范围越来越小了。以前，鸡、鸭、鹅这些家禽都是在农田、菜园、池塘附近找昆虫、蚯蚓、螺蛳吃，并辅以饲料，晚上回到圈里。现在的家禽一般都是圈养，吃饲料和稻谷、小麦等粮食。

【说一说】鸡、鸭、鹅都是由哪些动物驯化而来的？

【想一想】你怎样区分鸭子和鹅？

【读一读】

家禽这些部位千万别吃

鸡肉、鸭肉、鹅肉等肉类都是我们日常饮食中必不可少的食物，但是这些家禽身上的“尖翅”部位容易出现健康问题，人吃了之后也容易导致不良的健康状况。

鸡、鸭、鹅等禽类屁股上端长尾羽的部位，学名“腔上囊”，是淋巴腺体集中的地方。因淋巴腺中的巨噬细胞可吞食病菌和病毒，即使是致癌物质也能吞食，但不能分解，故禽“尖翅”是个藏污纳垢的“仓库”，一定不要吃。

# 孵化小鸡

在我们这里，20世纪八九十年代的时候，常常会看见一只老母鸡带着一群小鸡在觅食，小鸡看上去毛茸茸的，非常可爱。

母鸡下蛋达到一定个数以后，母性大发，便不再继续下蛋。这时，母鸡的体温升高，进入“抱窝”状态，也就是我们说的要“孵小鸡”了。

母鸡孵蛋的时候会卧好长时间，等到实在是饿得受不了的时候，母鸡才会跑出去找吃的，并且此时的母鸡吃东西的时候也是急急忙忙的，因为它知道还有蛋要孵化，要是在外面呆的时间太长，蛋就可能凉了，那样如果再孵的话，蛋就会坏掉。因此，母鸡吃东西时特别着急，吃到半饱后，就赶紧去窝里继续孵化自己的小宝宝了。在农村，人们会把米和水放在母鸡孵小鸡的窝附近，尽量让母鸡吃饱。母鸡每隔一段时间，还会把肚下的鸡蛋翻一翻，让鸡蛋受热均匀。

鸡蛋在母鸡肚子下孵化21天。小鸡快出来时，小鸡在里面啄，母鸡在外面啄，最后一起把壳啄开，小鸡就会顺利地出来。刚出生的小鸡毛茸茸、黄乎乎的，像个小绒球，可爱极了！

【画一画】请你动手画一画母鸡孵小鸡的画面。

【查一查】双黄蛋能孵出小鸡吗?

【看一看】上网查看母鸡孵化小鸡的全过程视频或图片；有条件的小朋友可以在家里观察母鸡如何孵小鸡。

# 水中的精灵——水獭

美丽的栖霞山麓风景秀丽，是一些珍贵野生动物生活的摇篮。国家二级重点保护野生动物水獭，也会时常出现在山中的湖畔边，像一个个小精灵在水中嬉戏。

水獭常独居，不成群。多居洞穴，常爱住僻静的堤岸，以及有岩石隙缝、大树老根、蜿蜒曲折、通陆通水的洞窟。有时也栖息在竹林、草丛或灌丛中，一般有一定的生活区域。它们在岸上没有力量，但是在水里力大过人。它们昼伏夜出，以鱼类、鼠类、蛙类、蟹、水鸟等为主食。它们善于游泳和潜水，一次可在水下停留2分钟。水獭嗜好捕鱼，捕起鱼来像猫捉老鼠一样敏捷，捕食前常在水边的石块上伏视，一旦发现猎物，即迅速扑捕。水獭是水陆两栖动物。它们把食物贮藏于水中，在水陆之间筑堤坝截水成池。即使饱腹之后，它们还会无休无止地捕杀鱼类，因而对栖霞山附近的养鱼业危害极大。

【划一划】在文中画出描写水獭的居住环境的语句。

【看一看】上网看一看水獭捕鱼的相关视频。

【写一写】怎样做才能既保护水獭，又不对渔民造成危害？

# 灌木丛里的小客人——獾

獾喜爱栖息在丛林、荒山、溪流湖泊、山坡的灌木丛中，喜群居，善挖洞。

栖霞山上一片郁郁葱葱，吸引了不少獾来此安居。它们分布在山中各个角落，无意间你就会发现这灌木丛里的小客人——獾。

獾的种类繁多，栖霞山一代主要分布着狗獾、猪獾和鼬獾。它们体形粗实肥大，四肢短，耳壳短圆，眼小鼻尖，颈部粗短。鼻端具有发达的软骨质鼻垫，类似猪鼻；四肢较粗而强，趾端均生有强而粗的长爪，爪长近似趾长，前爪比后爪长。獾依靠灵敏的嗅觉，拱食各种植物的根茎，也吃蚯蚓和地下的昆虫幼虫，或者在溪边捕食青蛙和螃蟹，或者在灌木丛中捉老鼠，甚至吃动物腐烂的尸体。它的爪子细长而且弯曲，尤其是前肢爪，是掘土的有力工具。獾的毛色为黑褐色与白色相杂，头部中央及两侧有三条白色条纹。獾是群居动物，一个洞穴内居住十只左右。獾还是夜行性动物，有冬眠习性，在秋季积累大量脂肪，11月入洞冬眠，第二年3月出洞。

【读一读】课外小知识：獾是一种皮、毛、肉、药兼具的珍贵野生经济动物。皮是经济价值较高的皮毛，其皮革制品美丽大方、色彩艳丽，是制作高级裘皮服装的原料。獾毛为三色毛，两端白色中间黑棕，弹性好，耐磨，可制成女式大衣，漂亮美观，是皮革抢手货。獾肉可食，其味道鲜美，营养丰富，是席上的佳肴。獾油是由獾的脂肪提取的油脂，是治疗烫伤、烧伤的有效药物。

【说一说】栖霞山一代分布着哪些獾？

【查一查】獾是依据什么分类的？

# 建筑景点篇

# 栖霞山

栖霞地区最著名的山就是栖霞山。

栖霞山北临长江，东与龙潭擂鼓台遥遥相望，南是波澜起伏的低矮丘陵，西隔九乡河与南北象山隐约相连。因为山上盛产养生滋补中草药，皆有摄生之效，故又称摄山。山的最高峰是三茅峰，又名凤翔峰，海拔284.7米，卓立天外。东北一山，形若卧龙，名为龙山；西北一山，状如伏虎，又名虎山。

栖霞山的名胜古迹很多，遍布诸峰，被誉为“金陵第一名秀山”。栖霞山没有钟山高峻，但清幽怡静，风景迷人。她枫林如火，漫山红遍，宛如一幅美丽的画卷，素有“春牛首，秋栖霞”之说。2000年，在这里发现的“东飞天”石窟，成为蜚声海内外的旅游胜地。

**【填一填】**栖霞山北临__________，东与__________遥遥相望，南是波澜起伏的低矮__________，西隔九乡河与__________隐约相连。

**【找一找】**在“栖霞山风景图”上找到“龙山”“虎山”的位置，并圈画出来。

**【想一想】**栖霞山被誉为“金陵第一名秀山”的原因是什么？

# 栖霞寺

栖霞山驰名江南，可它的得名却是因为一座著名的寺庙，那就是栖霞寺。

栖霞寺座落在栖霞山中峰西麓，是中国四大名刹之一。南齐永明元年（483），隐士明僧绍（号栖霞）舍宅为寺，起名“栖霞精舍”，后成为江南佛教“三论宗”的发祥地。1983年，栖霞寺被国务院确定为汉族地区佛教全国重点寺院。

栖霞寺始建于南齐永明七年，占地面积40多亩，是南京地区最大的佛寺，历经千年风雨沧桑。1980年，人民政府对这一千年古刹进行重新修缮，使栖霞寺规模空前，闻名遐迩。

栖霞寺前有彩虹明镜和月牙池，右侧有明征君碑，左侧有赵朴初重修栖霞寺碑记亭。寺内有弥勒殿、毗卢宝殿、方丈室、法堂、藏经楼、鉴真纪念堂、祖堂、宗仰上人纪念堂、千佛斋素菜馆；寺后有舍利塔、千佛崖等。栖霞寺古建筑皆依山势，层垒而上，殿宇楼阁极其宏伟。

进入山门，便是弥勒佛殿，殿内供奉袒胸露腹、面带笑容的弥勒佛，背后韦驮天王，昂首挺立。出殿拾级而上，是寺内的主要殿堂。其后为毗卢宝殿，雄伟庄严，正中供奉高约5米的金身毗卢遮那佛，弟子梵王、帝释侍立左右，二十诸天分列大殿两侧。佛后是海岛观音塑像，观世音伫立鳌头，善财、龙女侍立在旁，观音三十二种化身遍布全岛。堂内塑像工艺精湛，入化传神，令人赞叹。

【写一写】参观栖霞寺，并写一篇参观日记。

【说一说】把你的参观见闻说给同学听。

【读一读】阅读下文，背一背常与弥勒佛相伴的对联。

大肚弥勒佛又称大肚弥来佛，是我国佛教寺院中的一尊佛，通常将他尊俸在寺庙的前面，一进山门的地方。由于大肚弥勒佛慈颜善目，笑口常开，形象化地代表了佛教宽宏大量、慈悲为怀的宗旨，因此深受大众喜爱。男女老少见到他时，心情都会变得轻松愉快。在部分寺院都有这样的对联与弥勒佛相伴："大肚能容，容天下难容之事；笑口常开，笑世间可笑之人。"这些对联寓教于乐，在启迪人们心灵的同时，也为佛法庄严的寺庙带来一丝愉悦的气息。

# 彩虹明镜落人间

“彩虹明镜”为栖霞山风景区第一景，是寺前一个小巧精致的湖泊，位于寺前虎山和龙山之间。“彩虹明镜”是清代高宗乾隆皇帝南巡时，在栖霞山行宫驻跸期间兴建的。

当湖水盈盈之时，即可见寺门及两侧山坡上的古枫、银杏、松柏、藤萝倒映于水中，微风拂过，湖面涟漪骤起，粼粼碧波浮动，小桥、山林、古寺，就像一幅浓彩淡墨的中国画，映印在一面巨大的镜子上，放眼望去，美不胜收。尤其是那倒映在水中的景色，比岸上更胜三分，更是令人赞叹不已。想当年，高宗赐桥为“彩虹”，湖为“明镜”，也是触景生情而至吧。

在明镜湖的湖心建有六角形的“彩虹亭”，状若彩虹的“九曲桥”，弯弯曲曲直达亭中，真有“长桥卧波，不霁何虹”的境界。湖水原是桃花涧、中峰涧两溪的汇聚地。湖水清澈、光可鉴人。湖中有莲藕，每到仲夏，锦鱼戏水，荷花盛开，五颜六色，婀娜多姿，是游

人赏荷、休憩的好去处。

1990年复建后的明镜湖近似正方形，面积约3000平方米。湖岸正方竖有一碑，高2米多，正面刻有南京知名书法家尉天池的“彩虹明镜”手笔，背面有真慈法师书写的《复建明镜湖碑记》，详述了明镜湖重建的原因和经过。

彩虹亭上，“彩虹亭”三个字是当代著名高僧茗山法师题写。此外，两根楹柱上题有楹联一副：“满天星斗落明镜，十地圣贤来摄山”。

彩虹明镜正以那“日霞风定，山影倒悬，湖光溪色，美不胜收”的姿色，迎接八方来客。

【说一说】“彩虹”指什么？“明镜”指什么？此湖为什么叫“彩虹明镜”？

【说一说】说出你对“日霞风定，山影倒悬，湖光溪色，美不胜收”的理解。

【抄一抄】抄写文中的对联，并大声地读一读。

# 月牙池

月牙池是一座白莲池，沿池的汉白玉栏杆上，雕刻有水禽花卉，颇有艺术情味。因为呈半月形，所以叫月牙池。又因供游人或佛门信徒放生之用，俗名放生池。现在的月牙池是1980年重修的。

关于栖霞寺的放生池，还有一段历史。梁武帝萧衍在位时，极为倡导佛教，主张天下僧民皆吃素食。他借皇帝权威，强令各地寺院执行，从此形成了中国佛教素食的制度。放生池的设置亦在此时。当时的放生池叫作长命洲，专门放养收赎的龟、鱼、螺、蚌。唐朝著名书法家颜真卿提倡仁爱，推行仁政，上表皇帝，建议自洋州（今陕西地区）至升州、江宁、秦淮太平桥临江沿城上下五里各置放生池81处。颜真卿为放生池做了碑铭，写了序文。南京的乌龙潭、夫子庙等月牙池尽皆如此。

【画一画】用你手中的画笔画一画月牙池。

【读一读】找找梁武帝、颜真卿的故事并读一读。

【说一说】你对放生有什么看法？

# 千禧大钟楼

栖霞寺千禧大钟楼位于栖霞寺前，在明镜湖与月牙池之间的南侧，由南京市旅游局发起，南京市民族宗教事务管理局及栖霞寺合力而建。

钟楼为四方重檐歇山顶，高15.8米。在二楼置铜铸洪钟一口，名“千禧大钟”。钟高3.3米，底部直径2.1米，重达6.9吨，于1999年12月28日开光，并于12月31日在“迎千禧，听钟声”活动中撞响了第一声。以后每逢迎元旦、过春节都要举行撞钟活动，每次撞钟108响。“108”这个数字，据说是依据我国农历一年一般有12个月、24个节气、72个候（5天为一候），合起来刚好是108。迎新年撞钟108响，祝福一年四季时刻保平安；听钟声108响，也能清除108种烦恼。

钟楼大门外有两副对联，一副为著名老书法家林散之在85岁高龄时书写：“莫教春秋佳日过，最难风雨故人来。”另一副对联为茗山法师书写：“积德虽无人见，存心自有天知。”告诫人们要多做好事，多做善事，不要做坏事；做了好事，做了善事，民众自然会知道。

【想一想】“撞钟祈福”是迷信活动吗？

【试一试】你知道24个节气的名称吗？试着背诵“节气歌”。

【玩一玩】有时间的话，亲自去钟楼撞钟，把美好的祝福送给自己最尊敬的人。

# 鉴真纪念堂

栖霞寺鉴真纪念堂是为纪念唐代鉴真和尚（688～763）而于1963年设立的。

鉴真纪念堂正中佛龛内供奉着一尊鉴真和尚脱袈裟千漆夹塑塑像，它是日本奈良招提寺八十一代长老森木孝顺亲自塑造，并于1963年，在鉴真和尚圆寂1200周年之际，由日本文化界、佛教界联合赠送给栖霞寺的。

鉴真和尚端坐的佛龛，在设计上别具一格。它以扬州大明寺为模型，背景是惊涛骇浪，表现出鉴真和尚为促进中日文化交流而多次东渡大洋、舍生忘死的大无畏气概。

纪念堂内还陈列着有关鉴真和尚生平事迹的文献以及外宾赠送的礼品。其中包括日本友人所赠的《鉴真和尚第六次东渡图》《鉴真和尚纪念集》等。

【辨一辨】隋唐时期，中日交往的著名人物是（　　）

A.玄奘　　　　B.鉴真

【说一说】说一个鉴真和尚的故事。

【找一找】中国古代还有哪些对外友好往来的事迹？

【读一读】唐武后垂拱四年（688），鉴真出生于扬州，俗姓淳于。702年，鉴真入扬州大云寺为沙弥。706年，受菩萨戒。709年，随道岸禅师入长安，在实际寺荆州弘景律师门下受具足戒，跟随他学习南山律宗。在长安期间，鉴真勤学好问，博览群书。除佛经之外，他在建筑、绘画，尤其是医学方面，都具有了一定的造诣。715年，他回到扬州大明寺修行，并于733年成为当地佛教领袖、大明寺方丈，受其传戒者前后有四万余人，时人誉其“江淮之间，独为化主”。

# 桃花涧

桃花涧位于栖霞山西峰，每当清明前后，万余株桃花竞相开放，白色、粉红色、红色……灿若云霞，令人流连忘返，是一处山水兼容的胜迹。

涧内溪水势若游龙，流经怪石林立的叠浪岩，涧水拍击着怪石，浪花四射，似鸣雷卷雪。在栖霞寺门口右边，涧水汇为明镜湖。湖水又由此流出栖霞寺外，进入九乡河，转而流入长江。

明代名人盛时泰在他的《栖霞山小志》中记述："春末夏初，绿树红花，错落有致，游人在树下行走欣赏，全身沐浴着香味。"清乾隆皇帝曾六下江南，五次来到栖霞山，并诗兴大发，作《题桃花涧诗》。清代文人蒋士铨和江宁知府袁枚也曾一同相约游览栖霞寺。他们穿梭于花径溪涧，以为来到了世外桃源，飘然欲仙，于是欣然赋诗，写下了千古佳句。

涧水东侧有一扇形的桃花亭，白墙黑瓦，三面临风。站在亭中，仰望青山，俯视涧水，四周郁郁葱葱，鸟唱泉鸣，人景交融，令人心旷神怡。桃花亭，传说是明末秦淮名妓李香君出家为尼的地方，清代著名剧作家孔尚任据此写下了传奇小说《桃花扇》。

而今，此涧涧水几乎干涸，唯有雨季来临时，方见涓涓细流。

【找一找】积累描写桃花的诗句。

【做一做】收集有关栖霞山、栖霞寺的传记、诗赋，制作手抄小报。

【画一画】根据第二段的介绍，画出桃花涧溪水流经的线路图。

# 珍珠泉

珍珠泉又名真珠泉，座落在栖霞寺北桃花涧旁，开凿于明朝。据史载，当年住在般若庵中的僧人苦于汲水不便，在庵外凿地得泉，其吐如珠，得名“珍珠泉”。

清乾隆帝《题珍珠泉诗》云：“一泓无泽印空澄，山脚泉珠颗石冰。凭揽不殊昔年况，剔疏犹忆尹家曾。”从这首诗中可知，清朝时，珍珠泉景观一如从前。

珍珠泉为何能产生这种独特的自然景观呢？世人多有猜测。民国陈邦贤《栖霞新志》记载：相传游人拍手呼笑，有白珠点点上浮，莹洁可玩，所以叫作珍珠泉。今人朱洁轩《栖霞山志》认为：“山多矿产，泉中或含有天然之碳酸微粒，对之拍手呼笑，即感压力增加，化而上升，一若今日汽水者然，不可以神话附之。”

【查一查】全国各地的“珍珠泉”。

【读一读】读清乾隆帝《题珍珠泉诗》，理解诗意。

# 桂林栖霞寺

你知道吗？闻名遐迩的桂林有座栖霞寺，和我们家乡的栖霞寺同名哦！

桂林栖霞寺坐落于桂林七星景区内普陀山西麓，缘起隋代高僧昙迁云游桂林后所题的“栖霞洞”，寺庙始建于唐朝。武宗会昌年间诏令毁佛，栖霞禅寺未能幸免。元朝17年，道士唐大淳重建为全真观，明朝万历年间改为寿佛庵。清顺治8年，楚僧浑融耗时33年，四方募化，在寿佛庵基础上恢复栖霞寺，并使之成为西南佛教一大名刹。之后，栖霞寺又经历了多次加修，

但在战争期间再次严重受损。在众多名士的倡议下，栖霞寺根据历史记载规模在原址再次进行修复扩建，设天王殿、大雄殿、观音殿、藏经阁，中轴北翼借用江南造园手法，设曲廊、白莲池、素食斋、方丈院、听月亭。寺内精美的唐式佛像、名贵的东阳木雕、国内最高的立式汉白玉观音，再现了“栖霞真境”的胜景。2002年9月28日，桂林栖霞寺在重光之时，获中国佛协领导和诸山长老高度赞誉，称之为“中国最完整、最精致的唐代风格寺庙”，从此名播四方。

【读一读】小资料

浑融（1615～1708），本姓张，湖南沅州人，自小学得文武，因不满明朝的腐朽统治，在衡州出家，法名本符，崇祯末年来桂住普明庵。南明时，曾与抗清名将瞿式耜、张同敞等常聚这里，旷论国事。他出于忧国忧民，曾投入抚粤将军刘起蛟部，出谋划策抗击清兵，衡州失守后回寺住持。瞿、张二公成仁后，他仗义收尸，并在寺北建二公祠，常在此诵《浩气吟》；在寺南建听月亭，以表示他思念明朝之情。

【查一查】你还知道哪些有关桂林栖霞寺的资料？收集起来，小组交流。

# 湖南益阳栖霞寺

湖南益阳也有座栖霞寺，该寺位于湖南省益阳市会龙山麓，始建于东晋孝武帝太元年间（公元4世纪末期），系由印度僧人不如密多尊都所建，原名宝泉寺。据传，明建文帝因宫庭动乱，被逼出走，在此削发为僧。后人重修时，以其曾为帝楼，故改名为栖霞寺。

清末，太平天国败亡，英王陈玉成之子陈三元出家于此，法名遇缘。民国二十四年（1935）圆寂，葬于会龙山麓，墓碑上刻“生于庚申（清咸丰十年）十一月二十八日江南省上元县桂花巷金沙井陈氏子”，并附墓联：“勘透浮生归佛国，最难烈士结芳邻”。

1988年至1998年，益阳栖霞寺经过不断修建，现存大雄宝殿、栖霞阁、观音殿、玉佛楼、僧房等建筑，玉佛为晋朝古物。寺内有碑三块，珍藏《大藏经》一部。

【找一找】湖南益阳栖霞寺有哪些古迹？

# 毗卢宝殿

入栖霞寺，出弥勒殿，经过方形天井，拾级而上，便是宽敞的毗卢宝殿。殿内雍容典雅，富丽堂皇。迎面正中供奉着一尊毗卢遮那佛，高约5米，连须弥座在内高达8.6米，通身贴金，庄严端坐。其两侧侍立着梵天、帝释两菩萨，两边站立听经的二十诸天也是点金着彩，光泽耀眼，显示出一派肃穆的佛国景象。

殿后中央是巨大的南海观世音菩萨的塑像，她站在鳌头上，其左右为善财童子和龙女像，足下海涛澎湃，头上彩云飞舞。她的背后是众多大小菩萨，此为观音三十二应化身。观音殿内再现瀛洲三山仙岛。值得注意的是，大殿后侧原来供文殊、普贤座像处是两座妆金涂彩、雕刻精细的大型佛龛，到处是神龙飞舞的画面，这是1979年从中南海运来的皇家之物。如此豪华的建造，在一般民间寺庙是见不到的。

【画一画】根据文中描述，画出宝殿示意图，并在图中标出毗卢遮那佛、梵天、帝释、二十诸天、观世音、善财、龙女等的方位。

【查一查】为什么栖霞寺的正殿不是大雄宝殿而是毗卢宝殿？

【写一写】用上方位词描写一处建筑。

# 石匠殿

来到栖霞山千佛崖，在众多佛龛中，最神奇的是位于大佛阁西侧的最后一窟佛龛。原来龛内供奉的不是佛，而是一尊一手握锤，一手执凿，神态憨厚，衣着朴实的石匠像，殿门口还有“石匠殿”三个字。

相传，石匠们奉命雕凿一千尊佛像。在最后一晚，石匠们对已经完成的佛像进行计数，可是数来数去，只有九百九十九尊，而最后一尊佛像在天亮之前却屡凿不成。限期将到，众石匠都将遭到杀戮。为

使其他石匠免遭误时之祸，其中一位石匠急中生智，奋身跳进洞龛，化身为像，立地成佛，因此该殿被称为“石匠殿”。

实际上，明代祝世禄在《重修栖霞寺记》中提到一位石匠王寿，他是有名的凿佛匠人，和许多石匠一起为千佛崖镌刻佛像工程。他工作认真，态度严肃，技艺高超，深受广大僧侣、老百姓的喜爱，并得到清乾隆皇帝的赏识。后人为纪念王寿的功绩，就在他工作的地方开“石匠殿”，以表怀念之情。

【想一想】这篇课文表达了老百姓什么样的感情？

【说一说】关于石匠殿的来历有哪几种说法？

【写一写】文中的王寿给你留下什么印象？写一写生活中像王寿那样的人物的事迹。

# 唐弥勒佛石窟

栖霞山唐代弥勒佛石窟，位于栖霞山龙山之北，距千佛岩约500米，窟高、宽、深均约3.5米，洞窟中有一佛像石座残迹，专家根据石座上的雕纹以及出土的青瓷片，鉴定此为唐代遗物。

栖霞山近代地图标明此处为唐代“弥勒窟”。该洞窟劈山而建，工程较宏大，洞窟外还有殿宇建筑地基的残余痕迹，面积约80平方米，据说殿宇建筑毁于清朝咸丰年间的战火。据栖霞居民反映，1976年以前，栖霞寺弥勒殿供奉的是一尊石弥勒佛像，其尺寸与弥勒窟差不多，该石佛很可能是取之于弥勒窟。后弥勒殿石佛在20世纪六七十年代被毁。

【读一读】查阅有关介绍栖霞古迹的文章，并读一读。

【说一说】栖霞古迹为什么会被毁？对此你有何感想？

【议一议】你对文物保护有什么建议？

# 纱帽峰

在千佛崖之巅，有一块方形巨石，这就是纱帽峰。据明朝盛时泰《栖霞小志》记载：“（叠浪）岩尽处，一方龛，四面皆可上，上复有一小洞，内凿以佛，远望之如纱帽。”“纱帽峰”一名由此而来。后来，清朝乾隆皇帝游历至此，嫌这个名字太俗，改名为“玉冠峰”。但今天，人们仍习惯称之为纱帽峰。纱帽峰上石窟罗列，犹如蜂房燕窝，颇为壮观。

纱帽峰前有一平台，面积约10平方米，称为“明月台”（又称“待月台”）。清风明月之夜，在此眺望长江，只见烟波浩渺，水光山色，水乳交融，其情其景令人心驰神荡。

在明月台上，筑有一座六角形的水泥亭，名叫“待月亭”。亭子红楹黑瓦，供游人休息。

【说一说】“纱帽峰”和“明月台”的另一个名字分别是什么？

【找一找】栖霞山的亭子共有几座，各是几层几面？

【做一做】栖霞石刻与亭阁上常有一些游人乱刻乱画，你觉得这样做对吗？我们应当怎样保护名胜古迹？

# 璀璨明珠——东敦煌

近年，在千佛岩“中102号”洞龛发现“栖霞飞天”的消息见报后，中国敦煌吐鲁番学会常务理事黄征教授亲赴栖霞山，精细地考辨了该洞龛的壁画，高兴得连声说：“太精彩了！真是稀世杰作！”

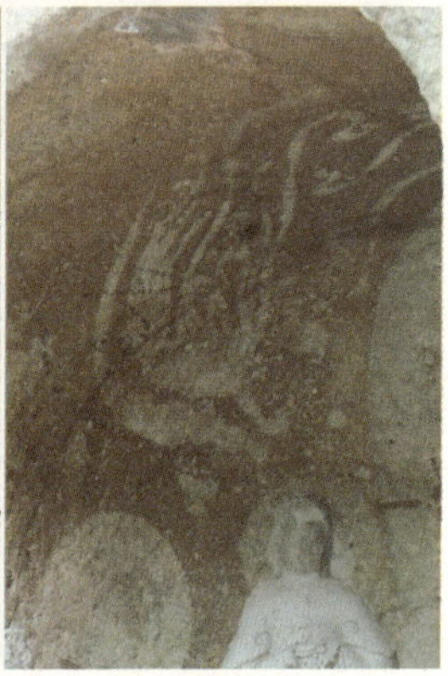

虽然是第一次到栖霞山，但黄教授熟悉地指着“栖霞飞天”附近的画痕说，这下面是“五彩云”，旁边是莲花图案，其布局、纹案等与敦煌莫高窟321窟的“双飞天”几乎一模一样！敦煌研究院美术研究所的谢成水老师在对“栖霞飞天”鉴定后也表示，“栖霞飞天”人物饱满，线条飘洒，飘带如临风，很明显是南朝齐梁时期留下的精品。

连续不断的新发现，使敦煌学家们激动无比。他们庄严地向世人宣布：南京栖霞山千佛岩的文化、艺术与敦煌莫高窟存在着极大的渊源关系，其发现打破了传统敦煌研究一直限于中国西北地区的局面，成为目前中国历史上唯一发现的“东敦煌”。

【说一说】“东敦煌”指的是哪里？

【找一找】如果你感兴趣的话，请你实地找一找，看看能否有新的发现？

【画一画】根据文中描述，画一画“栖霞飞天”。

# 钟乳石奇观

栖霞山的地质资源极为丰富，地层发育较全，构造断裂较多，矿产资源丰富，被专家称为“天然地质博物馆”“地质学教科书”。

在栖霞山凌云栈道中段区域，人们发现了体量较大的岩石群，山石嶙峋，峭壁如截，地势险要，部分地段只能容一个人通过。在高大的岩壁间竟然有大面积的晶状体，有葡萄状，有树根状；有乳白色，有黑白混杂色，有淡黄色；有透明的，有半透明的，大小不一，形态各异，色彩差异较大。整个岩壁长约60米，高40米，面积在2000平方米以上。岩壁与地面的夹角在75度左右，方向为北偏东方向。

南京地区可供观赏的钟乳石难得一见，如此大面积的钟乳石，更是极为罕见，具有很大的旅游开发价值。

【找一找】在这些岩壁间还有很多化石存在，有珊瑚类、腹足类、腕足类、海百合类。如果你有兴趣，不妨去找一找。

# 禹王碑

禹王碑位于栖霞山天开岩附近，共有六块，现存一块。此碑刻于明神宗万历年间，由当时的吏部左侍郎杨时乔在南京任官时从别处移拓而立。

据记载，禹王碑是后人为纪念大禹治水、造福人民而立的碑石。

宋人何致游南岳衡山时，在祝融峰下曾见到几块禹王碑刻。他将其摹拓下来，一块自己收藏，一块送给曹彦约，剩下的刻在夔门观中和岳麓书院的后山石上。

栖霞山的禹王碑是杨时乔从南岳衡山移拓而来的，碑高五尺余，三石并立，每石宽约二尺，碑语77字，碑的后面有杨时乔的释文。他对碑语中的77字进行了解释，又在碑后将释文一字一句地引用《书经》的经义，下了注解。同时，他还将此碑所传由来始末，用楷书雕刻，以告后世。

我国古代为纪念大禹治水，共在绍兴禹陵、湖南岳麓山、河南归德山等地移拓禹王碑7处，并将其视为水患频繁地域的“镇水之宝”。但由于禹王碑原是蝌蚪文，后人的译文一直众说纷纭，语意不详。

【说一说】了解大禹治水的故事，把了解到的故事说给别人听。

【做一做】利用课余时间，到天开岩附近去实地考察，看一看禹王碑保存得完好吗？碑上的文字还清晰吗？你也可以用纸笔去拓印几幅字。

# 南朝陵墓石刻——石兽

南朝陵墓石刻，是最能代表南京的历史名片之一。其中，一座座高大精美的石兽雕刻，是古代雕刻艺术的瑰宝，它们雄浑瑰丽、流畅生动、蓄势待发。

六朝陵墓石刻在墓前的排列位置，都以石兽居首，神道石柱次之，石碑殿后。尤其是石兽，有的丰硕健壮，气势恢宏，有的秀骨清像，神采飞扬，不仅使人领略到六朝石刻艺术的风采和魅力，更使人从中领悟到当时思想的解放、文化的交融和人性的飞扬，以及智慧、想象力和创造力的充分发挥。

镇墓神兽分三种：天禄、麒麟与辟邪。这三种石兽的形态基本相似，均体形高大，昂首挺胸，口张齿露，目含凶光，腹部两侧刻有双翼，四足前后交错，利爪毕现，纵步若飞，似能令人听到其行走的脚步声，神态威猛庄严。它们之间的区别在于，天禄顶部雕饰双角，麒麟为独角，而辟邪则无角。

【填一填】

1.陵墓石刻依次为________、神道石柱、________。

2.镇墓神兽包括________、________和________。

【说一说】镇墓神兽的三种类型有什么区别？

【看一看】实地观察一下，初步了解石刻的主要特征。

# 南朝陵墓石刻——石柱、石碑

神道石柱又称华表，以南京栖霞十月村的萧景墓石柱最为著名。萧景墓石柱原为两根，东西对称而立，现仅存西柱，分柱座、柱体、柱盖三部分。下部四方形，座面浮雕首尾相交衔珠的双螭（螭，古代传说中没有角的龙）。柱体上部接近柱盖处，凿有长方形柱额一面，上反刻文字，这是当时流行一时的“反左书”，即两对石柱柱额相对而立，一方柱额为正书，而另一方柱额像镜子一样把正书柱额镜像，字体左右颠倒。

南朝石碑由碑首、碑身、碑座（龟趺座。龟趺，又名赑屃，为龙的九个儿子中的老大，貌似龟，擅长负重）三部分组成。碑身正反面均刻有文字，文字四周有纹饰。碑身侧面有的饰以浮雕图案及线刻画。

南朝萧谵墓碑刻是保存文字最多的一通石碑。碑文为当时的大书法家贝义渊所书，是中国迄今为止保存最为完好的南朝碑刻。碑文长达两千余字，楷书，笔划爽朗圆润，堪称书法艺术之佳品。最为神奇的是，虽然经过了数千年，碑文上的刻字大部分依旧可以清晰辨认。

南朝石刻是前人留给我们的关于那个时代最真实的纪念。风雨千年，南朝陵墓石刻始终以它独具异彩的魅力展示在世人的面前。

【链接】

对南朝陵墓石刻有兴趣的同学，可以登陆“南朝陵墓神道石刻艺术网”查阅相关资料。

网址：http://www.j1lib.cn/ffy/nclmsksy/art.htm

【小资料】

我国古代流传着“一龙生九子，九子各不同”的说法，并且人们根据每个龙子的不同性格、爱好等特点，把它们装饰在不同的器物上。赑屃，善于负重，形象是驮石碑状；鸱吻，喜欢眺望，装饰在屋檐上；饕餮，习性贪馋，装饰在食具上；睚眦，性凶恶，喜杀戮，装饰在兵器上；狴犴，憎恨犯罪，装饰在监狱门上；狻猊，喜好烟火，装饰在香炉盖上；蚣蝮，喜欢水，装饰在桥栏杆上；椒图，讨厌生人，装饰在大门口；蒲牢，爱好音乐，装饰在钟纽上。

【看一看】实地参观一下南朝陵墓石刻。

# 珍爱文物

南朝陵墓石刻可与同时期的北朝石窟艺术相媲美。然而，北朝石窟艺术更多的是外国宗教造像形式，像云岗石窟、龙门石窟都有明显的古印度石窟痕迹。南朝陵墓石刻则是汉族造像艺术的美丽升华，是本土文化的绚烂绽放。从这个意义上讲，南朝陵墓石刻的历史价值、文物价值和艺术价值都更胜一筹，应该赢得国人更多的关注。

1988年，多处南朝陵墓石刻被列为全国重点文物保护单位。这些年来，有关部门有针对性地采取了一些措施，包括提升、加顶、加固、粘合裂缝、整治环境等，对石刻进行了修复和保护。

【问一问】你周围还有哪些南朝陵墓石刻？

【想一想】你对石刻保护有哪些好的建议？

# 南京长江二桥

南京长江第二大桥位于南京长江大桥下游11公里处，全长21.337千米，路基宽33.5米，桥面宽32米，由南汊大桥、北汊大桥和南岸引线、八卦洲及北岸引线组成。

南京长江二桥的建设得到了很多领导的关心。江泽民同志亲自为南京长江第二大桥题写了桥名。党和国家领导人多次亲临现场视察。

南京长江二桥的工程质量和建设管理代表着我们栖霞公路基础设施建设的新水平，也在我国桥梁史上树起了一座新的丰碑，是全国交通行业的光荣和骄傲，更是我们栖霞人的骄傲。

【填一填】南京长江二桥全长________千米，由________、________和________、________及________组成。桥面宽________米。

【走一走】亲自到长江二桥去看看，体验一下它的壮观。

【想一想】长江二桥的建成对我们栖霞有哪些意义？

# 高速铁路

1964年，日本的“新干线”开通，标志着全球进入了高速铁路的时代。什么是高速铁路呢？就是我们平常所说的“高铁”。要知道，不是所有的铁路都可以被称作“高铁”，只有通过改造原有线路，使最高营运速率达到每小时200千米以上，或者专门修建新的“高速新线”，使营运速率达到每小时250千米以上的铁路系统才可以称得上是“高铁”。值得一提的是，栖霞区内的“高铁”几乎都是专门修建的高速新线。

高速铁路之所以受到广泛青睐，在于其本身具有显著优点：高铁载客量非常高，安全性好，正点率高；速度快，最高时速可达300千米，缩短了旅客的旅行时间，产生了巨大的社会效益；对沿线地区的经济发展起到了推动和均衡作用；节约能源和减少环境污染。总之，高速铁路是适应时代发展的产物，它有着很多的优点。

随着时代的发展，加快发展高速铁路的呼声越来越强烈。高铁时代会给栖霞带来什么呢？让我们拭目以待吧！

【想一想】高速铁路有哪些优点？

【写一些】你坐过高铁吗？写下自己的体会。

【访一访】到实地走一走，看看南京地区的高铁是什么样子的？

# 南京地铁

随着时代的发展，人们进入了快节奏的生活，特别是在大城市。地铁的出现，大大缩短了人们的出行时间，给人们带来了很多方便。因此，地铁在我们南京人的日常出行中越来越重要。

从2001年南京地铁1号线的启动，到2005年5月15日正式开通，再到现在，南京已建成了地铁1号线、1号线南延线、地铁2号线、2号线东沿线，而每天利用地铁出行的人次也达到了百万以上。由此可见，地铁已成为人们生活中一样必不可少的交通工具。尤其是南京地铁2号线东延线，它贯穿栖霞，使我们栖霞人的出行更加快捷了。

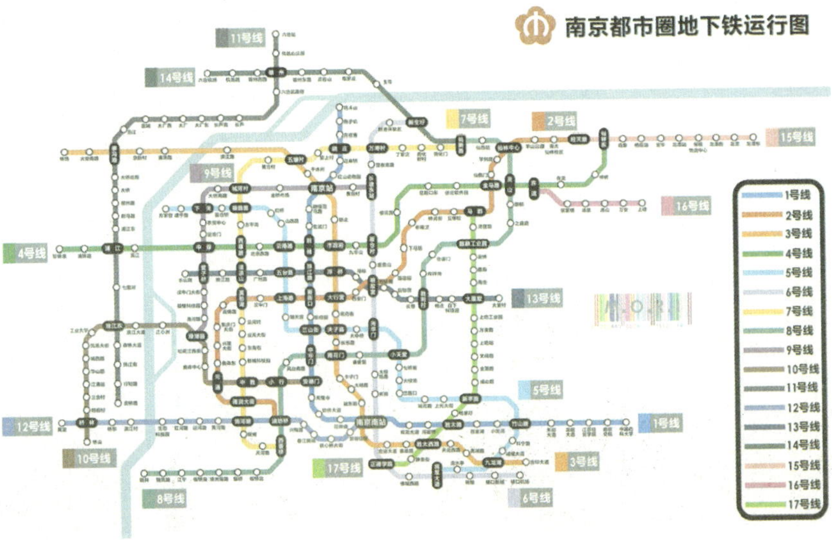

值得一提的是，由于南京1号线建成之初，我们的技术力量有限，所以当时1号线的蓝色地铁是从国外完全引进的，而地铁2号线的红色列车则是由南京浦镇车辆有限公司和法国阿尔斯通公司联合生产的。短短几年时间，我们南京地铁就在技术上有了重大突破，相信在不久的将来，我们的地铁将完完全全属于中国制造。

【做一做】两人一组，选择好起点和终点，玩玩坐地铁游戏，看看你会不会坐地铁？（最好能配合南京地图来玩一玩）

【访一访】到实地走一走，看看南京地铁是什么样子的？你知道南京还将建设哪些地铁线路吗？

# 文化与传统篇

# 家乡·栖霞

春牛首，秋栖霞，
栖霞有座栖霞山。
山上红叶名气亮，
胜景古迹处处藏。
山下有座栖霞寺，
钟声悠扬传四方。

【想一想】栖霞山最有名的是什么？
【说一说】你知道栖霞山有哪些名胜古迹？
【玩一玩】假期和父母一起去栖霞山、栖霞寺玩一玩。

# 颂栖霞

（茗山法师）

千佛名蓝名气大，六朝古刹古称雄。
松枝戴雪头皆白，枫叶经霜色更红。
舍利塔中藏佛骨，征君碑上志名公。
山居最爱晚晴日，一片霞光照太空。

作者简介：

茗山法师，俗姓钱，名延龄，江苏省盐城县人，1914年（民国三年）出生，2001年圆寂。

【说一说】找出诗中所描写的主要建筑，并能以小导游的身份介绍这些建筑。

# 栖霞寺

栖霞山，栖霞寺，
彩虹明镜月牙池。
千佛崖，舍利塔，
栖霞飞天石匠殿。
弥勒佛，观世音，
毗卢遮那坐中间。

【画一画】诗中提到栖霞寺的哪些景点？把它们圈出来。
【说一说】你知道这些景点的位置吗？
【背一背】把这首诗背下来。

# 栖霞山

龙山虎山凤翔峰，
行宫遗址御花园。
桃花湖，红叶谷，
太虚碧云临江处。
珍珠泉，品外泉，
陆羽茶庄青锋剑。

【画一画】诗中提到栖霞山的哪些景点？把它们圈出来。
【背一背】把这首诗背下来。
【说一说】了解其中一处景点的来历，说给同学听。

# 小桥流水人家

| | | |
|---|---|---|
| 小桥 | 流水 | 人家 |
| 汉白玉 | 雕刻 | 回廊 |
| 四角亭 | 飞檐 | 耸立 |
| 睡莲 | 五颜六色 | 千姿百态 |
| 河水 | 波光粼粼 | 清澈见底 |
| 游鱼 | 自由自在 | 游得欢快 |

【背一背】背诵课文。

【查一查】对于不会读或不懂的词语可以问问爸爸妈妈，请他们来帮助你。

【访一访】到实地走一走，看看石埠桥的小桥流水人家是什么样子的。拍一拍或者画一画。

# 迎新年听钟声

新年到，真热闹；栖霞寺，钟声敲。

烟火燃，游人笑；108响，108烦恼消。

祈和平，祝平安；祖国强，我骄傲。

栖霞寺迎新撞钟活动始于1994年，地点在栖霞寺钟楼，此后每年12月31日新、旧年交替前夕定期举行。撞钟仪式开始后，首先由寺院法师念经祈祷和平，祝愿国泰民安。约23时45分，南京市各界群众代表与寺中僧人依次撞响108下辞旧迎新的钟声，表达新年祝福。

【说一说】新年敲钟活动在什么时间举行？新年钟声要敲多少下？

【议一议】栖霞寺迎新撞钟活动由哪几部分组成？

# 山行

（唐 · 杜牧）

远上寒山石径斜，
白云生处有人家。
停车坐爱枫林晚，
霜叶红于二月花。

诗篇大意：

深秋时节，沿着弯弯的石砌小路驱车上远山，白云飘浮的山间还住有人家。因为爱看夕阳映照下枫树林的美景而停下车来，那经过霜打的枫叶比二月的鲜花还要红艳。

【说一说】诗中描写的是什么季节、什么地方的景色？

【记一记】收集2～3首描写秋季的古诗词，读一读，记一记。

【看一看】和家人一起到栖霞山走一走，看一看，欣赏秋栖霞的风景。

# 栖霞山赞

栖霞山自古以来就是江南名胜，古寺名山相互辉映，实在是游览的好地方。古人游览之后留下诗句赞叹。

听子规

（唐 · 顾况）

栖霞山中子规鸟，
口边血出啼不了。
山僧后夜初出定，
闻似不闻山月晓。

栖霞山夜坐

（唐 · 灵一）

山头戒坛路，幽映雪岩侧。
四面青石床，一峰苔藓色。
松风静复起，月影开还黑。
何独乘夜来，殊非昼所得。

【读一读】读读古诗，感受一下诗歌的特点和其中的妙处。

【找一找】栖霞山中还有哪些留存下来的诗句？收集起来，开个诗歌会。

# 栖霞山文化节——南京新的文化名片

“一座栖霞山，半部金陵史。”1500年前，南朝名士明僧绍始修栖霞寺时，寓意“栖居于山壑云霞之中”。“栖霞”二字成为南京佛教文化、六朝文化的独特文化象征。以充分发掘栖霞传统文化，提升地区影响力的中国南京栖霞山文化艺术节，为古都南京再添一张特色文化名片。

孙中山先生在栖霞燕子矶沿江进行考察时，慨叹这里及周边地区“有高山、有深水、有平原，此三种天工”，断言“其将来之发达，未可限量也”。

如今，在充满诗情画意的栖霞山上，游人们仍能寻觅到秦始皇当年南巡渡江的地方，可以在“始皇临江处”的遗迹览江吊古。据统计，栖霞区拥有国家和省级重点文物保护单位21处，栖霞寺、燕子矶、舍利塔、六朝石刻闻名遐迩。这片热土还传承了历经1700年风雨的中国首批非物质文化遗产——金箔锻制技艺，省级非物质文化遗产——金陵折扇制作技艺等千年文脉，一直延续至今。

文化是城市发展之魂。栖霞区是文化资源大区，举办中国南京栖霞山文化艺术节，整合、梳理和挖掘全区文化资源，将全面展示栖霞丰硕的文化成果，彰显栖霞地区特色，让更多的人了解栖霞、关注栖霞。

【想一想】什么是名片？为什么说栖霞山文化艺术节是南京新的文化名片？

【查一查】迄今为止，中国南京栖霞山文化艺术节举办过几届？每届的主题分别是什么？

# 金陵折扇

金陵折扇有竹制折扇、绢宫扇、骨扇等，制作精细，轻巧美观，既是驱夏实用品，又是艺术欣赏品。其中，尤以“金陵艺术大扇”倍受欢迎。

金陵折扇早在明代时就闻名遐迩。明清是金陵折扇发展的鼎盛时期。清末民国时，折扇在南京的城南夫子庙一带仍有很大销量，主要由南京栖霞、龙潭一带的农民提供货源。由于制扇业季节性强，为维持生计，工匠逐渐移到乡村，多集中在栖霞山石埠桥一带，他们农时种田，闲时制扇。如今，栖霞地区仍流传着“吃了重阳酒，做扇不离手”的歌谣。

金陵折扇的制作共分制扇骨、做扇面、穿扇面三大工序。其中最重要的是制扇骨。这道工序又包括了选料、断料、劈料、拿火等43道小工序。首先，选料十分严格，要求选生长期在六年到八年的、朝阳的、土壤肥沃的竹子。选好后还要煮料，即煮出浆水，把竹子里的蛋白、糖分煮出来，防止以后生虫。而制扇中最费劲的一道工序是“刀边”，即用刀一点一点削出所需造型的扇边。为使扇子口紧，更能固定，还要经过一道“拿火”工序，将扇边烤轧成弧型，直至两头小、中间鼓。

现在，在南京唯一保留着金陵折扇传统手工工艺制作技艺的是南京栖霞金陵王记扇庄（位于栖霞甘家巷）。庄主王克礼现在成了金陵折扇制作工艺的唯一传承人。

【说一说】金陵折扇的制作共分哪三大工序？

【访一访】参观南京栖霞金陵王记扇庄。

# 南京金箔

南京金箔锻制业发源于栖霞区龙潭花园一带。相传东晋时的葛仙翁（葛洪）是金箔锻制的始祖，打金箔户一直流传着“仙家造金箔”的传说。

南京最早打金箔的都是龙潭人，有刘、葛、印三大姓。刘姓打金箔，葛姓切金箔，印姓制金线。中华人民共和国成立之前，龙潭周围的六子桥、四段圩都有金箔制作作坊，男锤金箔，女织锦线。

南京金箔系用真金经过十多道工序锤炼而成。其中打箔最为辛苦，须把一块金“疙瘩”打成0.1微米

左右的薄片。两个人面对面打，要打上万次。捶打出来的南京金箔，薄如蝉翼，软似绸缎。经科学测算，943张金箔的厚度只有1毫米。

中国出口的真金箔名扬世界，已远销到意大利、美国、德国、日本、土耳其、埃及、东南亚等40多个国家和地区。随着现代化生产工艺的发展，金箔制作部分走上了工业化轨道，拓宽了金箔的新用途。

2006年，南京金箔锻制技艺被列入国家级非物质文化遗产名录。南京金箔在食品、化妆、建筑、工艺、装饰等众多领域得到了广泛的开发和利用。金箔生产仍有大量的工艺流程是机器无法替代的，正是这些古老的非物质文化遗产，保证了南京金箔参与国际竞争时的品质优势和价格优势。

【说一说】南京金箔锻制业的发源地。

【访一访】去栖霞寺欣赏贴金艺术。

# 栖霞的传统艺术

栖霞是南京市历史文化积淀丰厚的区域，无论是物质文化遗产还是非物质文化遗产，在南京都占有重要的地位。

栖霞境内的南朝陵墓神道石刻，以其雕刻技艺的精美而举世闻名；以佛教文化闻名中外的栖霞山，被誉为“一座栖霞山，半部金陵史”。

栖霞的传统手工技艺也很出色，其中“南京云锦”是最出名的。它的制作工艺自古以来在栖霞地区就有流传，栖霞今天仍然是南京云锦传统织造技艺的重要传承地之一。

此外，金陵折扇、金陵竹刻、泥人彩塑、传统制鼓、龙舞道具制作、风筝制作、葫芦烫画、剪纸等一批传统手工技艺都能在栖霞找到，显示了栖霞人的聪明才智，这些无疑都是栖霞的宝贵财富。

【说一说】文章介绍了栖霞的哪些传统艺术？

【查一查】你对哪种传统艺术最感兴趣？利用课余时间查一查相关资料，和老师同学分享一下。

# 栖霞龙舞

栖霞龙舞历史悠久，从明朝开始，龙舞活动一直流传至今。

20世纪80年代，栖霞人民不仅保留了柴龙舞，又发展了适宜在白天玩耍的布龙舞。20世纪90年代以来，栖霞龙舞已经成为南京社会文化舞台上的重要文艺形式。栖霞人民编排的广场群龙舞，气势雄浑、场面壮丽，深受群众喜爱。

进入21世纪，栖霞地区更是推出了新的民间舞蹈——“龙凤呈祥”。龙舞舞姿精彩，凤舞轻柔飘逸，服饰道具艳丽明快，整个舞台呈现出金碧辉煌的色调，充满朝气与活力。2007年，栖霞龙舞被南京市人民政府列入首批南京市非物质文化遗产名录。

【选一选】栖霞地区最初的龙舞形式是（　　）

A.黄龙舞　B.柴龙舞　C.青龙舞　D.布龙舞

【写一写】据悉，柴龙舞的原生态已完全消失，制作柴龙道具的艺人和玩龙灯的艺人也都在逐渐减少，这一民间艺术面临严重的传承问题。对此，你有什么想法？

【学一学】上网找一找“龙凤呈祥”舞蹈视频，和同学们一起学习，一起跳一跳。

# 后 记

为迎接新一轮的课程改革，开发校本资源，办出特色，我们组织有关人员编写了《丹枫栖霞——南京栖霞地方文化校本读物》校本教材系列丛书。我们选择了有地域性、特色性和广泛性的素材，分册按单元编写的这套丛书，力求做到知识性、可读性、实践性和教育性相结合。

在教学使用过程中，我们发现了一些不足。经过征求教师们的建议，特别是项长兴工程师的斧正，我们对有关的内容进行了修订、完善。同时，增添了教材内容。

在教材的编写过程中，我们得到了栖霞区教育局、栖霞区教师进修学校、栖霞寺、栖霞山管理处、区（镇）地方志办公室等部门的关心和支持，得到了南京市教科所原副所长宋宁的指导，时任区教育局副局长吴睦为本丛书写了序言，在此，我们再次表示衷心的感谢和诚挚的敬意！

由于我们水平有限，本丛书还显粗糙，还有许多不尽人意之处，敬请各位专家赐教，也请广大教师在使用过程中提出改进意见，以便日后的修订和补充。

栖霞中心小学教材编写组

2014年5月